高等学校教材

毽球运动
（第二版）

龙 明　王会娟　主　编

高等教育出版社·北京

内容简介

毽球运动是一项竞技性强，又引人入胜的民族传统体育项目。本书反映了毽球运动的新发展、新理论、新观点和新训练方法。全书分为网毽和花毽两个部分，全面介绍了毽球运动的发展概况、基本技术、攻防战术、比赛组织管理等。本书内容上突出实用性和指导性，图文并茂、言简意赅，是一本具有科学性、系统性、实用性、创新性的毽球教材。

本书可作为大、中、小学体育课教材，也可作为毽球教练员、裁判员及其他毽球爱好者的参考书。

图书在版编目（CIP）数据

毽球运动／龙明，王会娟主编. -- 2版. -- 北京：高等教育出版社，2020.10

ISBN 978-7-04-054976-8

Ⅰ. ①毽… Ⅱ. ①龙… ②王… Ⅲ. ①毽球运动-高等学校-教材 Ⅳ. ①G849.9

中国版本图书馆 CIP 数据核字（2020）第 160241 号

毽球运动
Jianqiu Yundong

策划编辑	范　峰	责任编辑	杨　琛	封面设计	王　鹏	版式设计	于　婕
责任校对	李大鹏	责任印制	刁　毅					

出版发行	高等教育出版社	网　　址	http://www.hep.edu.cn
社　　址	北京市西城区德外大街 4 号		http://www.hep.com.cn
邮政编码	100120	网上订购	http://www.hepmall.com.cn
印　　刷	山东百润本色印刷有限公司		http://www.hepmall.com
开　　本	787mm×960mm 1/16		http://www.hepmall.cn
印　　张	11.5	版　　次	2008 年 5 月第 1 版
字　　数	200 千字		2020 年 10 月第 2 版
购书热线	010-58581118	印　　次	2020 年 10 月第 1 次印刷
咨询电话	400-810-0598	定　　价	22.50 元

本书如有缺页、倒页、脱页等质量问题，请到所购图书销售部门联系调换
版权所有　侵权必究
物　料　号　54976-00

本书编委会

主　审　张　军

主　编　龙　明　王会娟

副主编　张铁林　邓　丹

编　委　毛华春　彭　军　张　迪　黄　坚　蒙俊安

主 编 介 绍

龙明，暨南大学体育学院教授，毽球国际级裁判员，广东省毽球运动协会裁判委员会主任，中国大学生体育协会游泳分会专业委员会副主任，广东省体育艺术联合会游泳协会常委兼外联部主任。多次承担世界毽球锦标赛的裁判工作、全国毽球锦标赛副裁判长工作及广东省毽球锦标赛裁判长工作。从事高校体育教学、训练和科研工作38年，公开发表学术论文20余篇，主持和参与多项省部级科研项目，主编《毽球裁判工作指南》等教材。

王会娟，广州大学松田学院社会体育系副主任，广东省毽球运动协会副秘书长兼新闻宣传委员会主任。多次参加广东省毽球锦标赛、粤港澳大湾区毽球公开赛裁判及组织工作，致力于毽球运动的普及与发展。从事高校体育教学、科研和管理工作12年，公开发表学术论文10余篇，主编和参编教材8部，主持和参与各级各类教科研项目近20项，曾获全国科研论文报告会一等奖及广东省第十届大学生运动会科学论文报告会二、三等奖。

踢传两千年毽球史

让健康与快乐同行

国际毽球联合会主席
中国毽球协会主席　晓敏

二〇〇八年四月八日

序

毽球运动是一项竞技性强、十分吸引人的新颖比赛项目。其动作丰富多彩，有前踢、后踢、内踢、外踢、凌空踢，还可以用头顶，胸、腹、腿触毽调整。毽球比赛时，两队隔网竞争，定位轮转，要求运动员有较强的空间和时间概念，掌握全面的攻防技术，随时做出各种移动、跑动、跳跃、摔跤等动作，这对于锻炼者发展身体机能、增强体质以及提高灵敏、速度、弹跳力、耐力、力量和柔韧等素质有着良好的作用。毽球运动又是一项集体项目，可以培养参与者团结协作的集体主义精神以及快速反应、机智灵敏、勇敢顽强、积极果断等优良品质。毽球具有足球、排球、羽毛球三者的特点（足球的基本技术、排球的战术意识、羽毛球的步法移动），是一项良好的全身运动。为了适应日益发展的毽球运动，本书作者根据十几年的训练、教学和比赛实践经验编写了这本书。本书反映了当前毽球运动的新发展、新理论、新观点和新训练方法。本书分为网毽和花毽两个部分，全面介绍了毽球运动的发展概况、基本技术、攻防战术、比赛组织管理等。内容上力图新颖、实用，有较强的实用性和指导性。本书的出版，对于对毽球运动有兴趣的读者了解毽球运动的理论、方法和技巧以及毽球运动最新的科学研究成果与发展方向，具有较好的参考价值。

原教育部学生体协联合秘书处秘书长

2008年2月于北京

前　言

2008年，在中国毽球协会委员、广东省社会体育中心主任伍曦，中国毽球协会教练委员会副主任、国家级毽球教练员、中国毽球训练中心主任张铁林以及广州大学体育学院副院长、国家毽球队教练员焦建余教授的建议和指导下，由暨南大学体育学院张军教授和国际级毽球裁判员龙明教授主编的《毽球运动》在高等教育出版社出版，并受到毽球界和广大学校的广泛好评。

随着毽球运动在我国的普及与发展，根据毽球运动技战术及竞赛规则等的变化与发展，我们对原教材进行了修订和补充。本教材由国际级毽球裁判员、暨南大学体育学院龙明教授和广东省毽球运动协会副秘书长、广州大学松田学院社会体育系王会娟副主任主编，广东省毽球运动协会常务副会长、广州大学松田学院社会体育系主任张军教授担任主审。

本教材全面介绍了毽球运动的发展概况、基本技术、攻防战术、比赛组织管理及运动员选材与训练等，内容丰富，通俗易懂，紧密联系实际，重难点突出，实用性强，是一本具有科学性、系统性、实用性和创新性的毽球教材。本教材对各阶段学生、毽球教练员、毽球裁判员和其他毽球爱好者具有较好的指导作用，对促进我国毽球运动的普及与发展，提高我国毽球运动水平具有较大的理论价值和实践价值。

借本教材出版之际，特别感谢国际毽球联合会主席、中国毽球协会主席晓敏先生为本教材题词；感谢原教育部学生体协联合秘书处杨立国秘书长为本教材作序；感谢教材中参考文献的原作者们；感谢广东省社会体育中心、广东省毽球运动协会、广州大学松田学院、广州市番禺区化龙中学等单位为本教材编写提供的支持与帮助；感谢高等教育出版社体育分社为本书的完善和出版所做的工作。

由于编者水平有限，教材中定有疏漏或不当之处，恳请广大读者批评指正。

龙　明

2020年3月3日

目　　录

第一章　毽球运动概述 ··· 1
　　第一节　毽球运动概况 ··· 1
　　第二节　毽球运动的起源与发展 ······································ 4
　　第三节　毽球运动赛事简介 ·· 21

第二章　毽球的基本技术 ··· 25
　　第一节　准备姿势和步法移动 ······································ 25
　　第二节　发球技术 ·· 28
　　第三节　踢球、触球及传球技术 ··································· 30
　　第四节　进攻技术 ·· 37
　　第五节　防守技术 ·· 42

第三章　毽球的攻防战术 ··· 46
　　第一节　阵容配备、交换位置和信号联系 ······················ 46
　　第二节　单人赛打法 ··· 50
　　第三节　双人赛打法 ··· 53
　　第四节　三人赛打法 ··· 62

第四章　毽球比赛的组织与管理 ······································ 100
　　第一节　毽球竞赛委员会 ··· 100
　　第二节　毽球竞赛方法 ·· 103

第五章　毽球运动员的科学选材 ······································ 106
　　第一节　毽球运动员的模式特征 ································ 106
　　第二节　毽球运动员的选材 ······································ 108

第六章　毽球运动员的体能训练 ······································ 115
　　第一节　速度素质训练 ·· 115
　　第二节　力量素质训练 ·· 116
　　第三节　耐力素质训练 ·· 118
　　第四节　灵敏素质训练 ·· 119
　　第五节　柔韧素质训练 ·· 120

第七章　花毽技术练习与训练方法 ··································· 122
　　第一节　花毽概述 ·· 122

第二节　花毽的基本踢法技术练习与训练方法 …………… 123
　　第三节　静止部分技术动作练习与训练方法 ………………… 126
　　第四节　绕转部分技术动作练习与训练方法 ………………… 127
　　第五节　跳跃部分技术动作练习与训练方法 ………………… 129
　　第六节　基本功练习 …………………………………………… 133
第八章　花毽技术套路与编排 ……………………………………… 135
　　第一节　花毽技术套路的编排 ………………………………… 135
　　第二节　花毽套路介绍 ………………………………………… 136
附录一　毽球比赛简要规则 ………………………………………… 141
附录二　花毽竞赛规则 ……………………………………………… 151
附录三　毽球竞赛规则术语释义 …………………………………… 167
主要参考文献 ………………………………………………………… 169

第一章
毽球运动概述

第一节 毽球运动概况

毽球运动是由我国古老的民间踢毽子游戏演变而来的。踢毽子是我国特有的一项具有浓郁民族色彩的体育活动，被人们誉为"生命的蝴蝶"。在古代，它是所谓"杂技""杂戏""博戏""百戏"的一种。踢毽子是中华民族传统体育宝库中一颗璀璨的明珠，由古代蹴鞠运动演变而成，起源于汉代，盛行于南北朝、隋、唐时期，至今已有2 000多年的历史，是一项流传很广、有着悠久历史的民族传统体育活动。

毽球运动是对这项传统体育运动的发展与提高，它集足球的基本技术、排球的战术意识、羽毛球的步伐移动于一体，融趣味性、健身性、对抗性、观赏性于一身，所需场地设施简单，适合人群广泛，开展方式多样，深受广大群众的喜爱。

一、毽球运动的特点

毽球运动是一项灵巧、简便、有趣和富有竞技性的健身活动，它可以一人踢、两人踢或多人轮流不断地用各种动作姿势接传，活动时间可长可短，所用活动场地可大可小，男女老少皆可参加，普及性很强。其基本特点如下：

1. 健身性和娱乐性

毽球运动是一项全身运动。踢毽时，主要用下肢的接、落、跳、绕、踢等动作来完成，同时也需要上肢的摆动平衡和躯干的伸展扭动配合。经常参加毽球锻炼，不仅可使下肢的关节、肌肉、韧带都得到很大的锻炼，培养人们对时间、空间的感觉，使身体的协调性、柔韧性进一步得到发展，而且可使心肺功能得到锻炼，促进人体新陈代谢，从而增强体质，促进健康。毽球运动又是一项隔网对抗的竞技运动，集竞技性和娱乐性于一身，毽球比赛快速、刺激，极具爆发力，既有强烈的对抗性、高超的技巧性，又有较强的娱乐性，综合展示了参赛者的技战术能力、精神、美感和创造力。毽球运动寓游戏于运动之中，极富趣味性，只要合理把握运动量，不但能够达到强身健体的目的，还能享受其中的乐趣。

2. 群众性和普及性

毽球运动是全民健身的有效方式。毽球运动技术动作简单易学，毽球活动的开展既不受场地器材的限制，也不受天气的影响，简便易行，四季皆宜，极易推广和普及。毽球运动的运动量可随意控制，可视自己的体能来确定运动量。毽球可以自制，也可以购买，既经济又实惠。此外，毽球运动也是一项男女老少都适宜的运动，不同人群都可以从中受益，十分符合我国的国情。

3. 协同性和集体性

高度的协同性和集体性也是毽球运动的显著特点。在毽球比赛中，除发球和一次击球过网外，如果没有个体之间的密切配合，是无法发挥个人技术和进行比赛的。

二、毽球运动的锻炼价值

《"健康中国2030"规划纲要》中提出要提高全民身体素质，广泛开展全民健身运动，大力发展群众喜闻乐见的运动项目，吸引人们积极参与全民健身。毽球作为一项老少皆宜的体育运动项目，具有非常全面的锻炼价值。

1. 毽球运动对身心健康的影响

毽球运动是一项全身运动，对身心健康极为有益。毽球运动的技巧性非常强，它需要腿脚的摆动击打、脚下的步法移动、腰部的转体、大脑的预判等身体各部分的协调配合来完成技术动作。长期参与毽球锻炼，可使脚、腿、腰、颈、眼等身体各部分得到很好的锻炼，能有效地提高关节的柔韧性和身体的灵活性。毽球比赛时，两队隔网竞争，定位轮换，这要求参与者有较强的空间和时间概念，掌握全面的攻防技术，随时做出各种移动、跑动、跳跃、摔救等动作。毽球运动对于发展身体机能，增强体质，提高参与者的速度、弹跳力、耐力、力量、灵敏性和柔韧性等起着良好的作用。

毽球运动也是一项有氧运动，长期参与毽球锻炼，可以有效提高参与者的心肺功能。进行中等强度的训练，能够提高呼吸系统功能，扩大肺容量和通气量，也能够增强心肌收缩力，提高心肺功能。

毽球运动还是一项健脑运动。踢毽时，每种动作须在瞬间完成，要求心到、眼到、脚到，反应要灵敏，动作要迅速，相互配合要心领神会，这就要求参与者必须高度集中注意力、心神专一。青少年经常参加毽球运动，可以提高神经系统的兴奋性，使注意力更集中，还提高记忆力。老年人经常参加毽球运动可以延缓动脉硬化，有助于保持良好的记忆思维能力，有效预防老年痴呆。

此外，经常参与毽球运动有助于预防青少年近视。在练习和比赛过程中，毽球来回移动，随着踢球力量及角度的变化，眼睛要不停地随球移动，这可以促进眼球组织的血液供应和肌肉运动，起到放松眼睛、减轻疲劳、预防近视的作用。

2. 毽球运动对意志品质的影响

毽球运动是一项团队运动项目，在提高身体素质的同时，可以培养参与者拼搏、独立、自信、开朗、勇敢、团队协作等优秀品质。参加比赛是检验心理素质的舞台，毽球比赛赛制为每球得分制，特别是比赛进行到决胜局赛点或者平局时，对参与者的心理素质是一个巨大的考验。长期参与毽球锻炼，有助于培养参与者顽强的意志品质和过硬的心理素质。

3. 毽球运动对社会适应能力的影响

在现代社会，人际交往是人们社会活动的重要内容。毽球运动为人们提供了社会交往的场所与机会，人们在参加各种毽球练习、表演和比赛时，促进了交往，沟通了情感，增进了友谊，丰富了生活。而在参与毽球活动的过程中，个体之间、个体与集体之间、集体与集体之间的相互交流，自然而然地就会促成协同配合、团结合作，这无形中拉近了人与人之间的关系，并教会人如何与他人相处和交往。此外，毽球运动有一定的条件和规则限制，调节和约束着参与者之间的行为和彼此的关系，对培养参与者遵守社会准则和行为规范具有强化作用。

三、毽子的种类

1. 花毽

花毽即我们常见的传统毽子（图1-1），高度一般在12厘米左右，多用火鸡毛或雕翎做毽身，塑料片做底座，因此看起来更美观一些，踢起来弹性也较好。花毽起落的速度也没有太多限制，踢起来上下翻飞，花样动作全凭自己掌控，没有特别高难度的动作，适合各个年龄段的人参与。

2. 大毽子

大毽子的毽身多用鹅毛制成，橡胶做底座，高17~18厘米（图1-2）。与花毽不同的是，大毽子比较重，技巧性要求相对较高。如果是单人踢，大毽子的动作有100多种。在大众健身运动中，大毽子更适合多人一起运动，大家你踢一脚，我踢一脚，力度较大，动作简单，既能锻炼腿部力量，又能提高身体的灵活性。

3. 毽球

毽球跟大毽子很像。毽球是用4根羽毛和橡胶底座制成的，羽毛多为鹅毛，毽球的重量为13克左右（图1-3）。踢毽球时有隔网，像打羽毛球似的，一边的人踢过网后，另一边的人接住再踢过来。毽球的竞技性较强，可以是一对一比赛，也可以是二对二、三对三的比赛。

图1-1　花毽　　　　图1-2　大毽子　　　　图1-3　毽球

随着毽球运动的发展，还有一些毽子踢起来会有音乐，有些还会发光，这大大增加了毽球运动的乐趣。

第二节　毽球运动的起源与发展

一、毽球运动的起源

毽球运动起源于什么时候？由何人首创？这早就是体育史学界研究的内容。有一种说法认为，毽"创自轩辕黄帝"。"毽"当时叫"毬"，是武士进行练习的一种器具。"毬"在《中华大字典》中解释为"皮毛丸"，而它与"毽"是两种不同的东西。另一种说法认为毽"创自岳武穆，用箭之翎，配以金石之质，抛足而戏，以释军闷"，但这种说法没有可靠的佐证，且"箭"与"毽"又不相同。还有一种说法认为，在距今3 000多年的殷商时期，有一种祭神时边跳边踢的舞蹈，这被认为是古代蹴鞠的雏形。"蹴"就是用脚踢的意思，"鞠"就是用皮革缝制而成内充毛发和茅草等物的球体。到了战国时期，蹴鞠已很盛行。到了汉代，蹴毛丸和蹴鞠已有明显区别。当时的蹴鞠须有鞠城，踢法和现代足球相似，而蹴毛丸的踢法则与今天的踢毽子相似。1973年，在山东省济宁县喻北屯城南张村（今济宁市任城区南张街道）一座东汉时期的墓葬中，出土了13块画像石，其中一块画像石高200厘米，宽42厘米，第二层画面雕刻的就是一幅"蹴毛丸图"，该图生动地刻画了东汉时期蹴毛丸的精彩场面：图中共有8名表演者和8枚毛丸，他们面面相对，神态各异，图面中下部铺设一块镶有卷云纹等多种图案的椭圆形地毯，表演者身着统一的紧身服装，有的一人持一丸，有的一人持两丸，有的几人共踢一丸，做各种踢球姿态，动作和谐舒展，灵活精巧，干净利落，其动作姿态与现今的踢毽基本动作有许多惊人的相似之处（图1-4）。据专家考证，蹴毛丸图中的每个毛丸上部的细线代表一种毛制物品，这和我国近代皮毛毽的制作一脉相承。蹴毛丸画像石的发现，为研究毽子的起源提供了充分的证据。这是距今为止发现的踢毽子的最早雏形，由此可以证明，今天的踢毽子起源于汉代的蹴毛丸活动，而毽球运动是从我国古代踢毽子游戏逐渐演变而来的。

图1-4　东汉蹴毛丸画像石

二、毽球运动的发展

（一）古代踢毽子的兴起与发展

踢毽子起源于汉代，盛行于南北朝、隋、唐时期。在南北朝时期，人们已经能够熟练、巧妙地踢毽子了。唐代释道宣撰写的《续高僧传》卷十六佛陀禅师中记载："沙门慧光，年立十二，在天街井栏上，反踢蹀，一连五百，众人喧竞异而观之。佛陀因见惟曰：'此小儿世戏有工。'"说的是北魏有个佛陀禅师，路过洛阳天街时，看到12岁的少年慧光在井栏上一连反踢500次毽子，观众赞叹不已。蹀就是毽子（毽子，在古籍里又写作鞬子、蹀），反踢就是用脚外侧踢，也叫"拐"，反踢五百下，可见脚上功夫。而佛陀禅师称踢毽子为"世戏"，亦表明踢毽子作为一种民间游戏，在当时社会已十分流行。唐宋时，踢毽子更加风行，技巧也更高超，此时出现了技巧型的踢毽子活动。宋代高承编撰的《事物纪原》中记载："今时小儿以铅锡为钱，装以鸡羽，呼为毽子，三四成群走踢，有里外廉、拖抢、耸膝、突肚、佛顶珠、剪刀、拐子各色。"由此可见，当时的踢毽有边跑边踢之法，不光是用脚踢，还用膝（"耸膝"）、腹（"突肚"）、头（"佛顶珠"）耍弄毽子。这说明毽球的一些基本技术，早在宋代就已出现了。

宋代，由于踢毽子的人多，还产生了以卖毽子为生的小商业。在南宋周密写的《武林旧事》中，列举了都城临安（今杭州）里经营各种玩具的小商业，如风筝、粘竿、毽子、鹁鸽铃、象棋、弹弓等，并指明："每一事率数十人，各专藉以为衣食之地。"这也表明了当时踢毽子在临安的普及和盛行。由于我国地域辽阔，方言较多，当时对毽子的称呼也不一样，杭州称鞑子、北方称箭子、广东称毯子、温州称氇子（"毯"和"氇"是毽子最古老的名称）。

到了明清时期，民间踢毽子活动更为普及，技艺也有了很大的提高，踢毽子得到了进一步发展，关于踢毽子的记载也很多。明代刘侗和于奕正共同撰写的《帝京景物略》中记载了当时民间流传甚广的一首关于踢毽子的童谣："杨柳儿活，抽陀螺。杨柳儿青，放空钟。杨柳儿死，踢毽子。杨柳发芽儿，打柭儿。"这是对当时儿童多在冬季里开展踢毽子活动的真实写照，也说明了踢毽子的季节性。《帝京景物略》中还记载了关于踢毽子的另一首童谣："一个毽儿，踢两半儿，打花鼓儿，绕花线儿，里踢外拐，八仙过海，九十九，一百。"这说明当时的踢毽子游戏在民间已相当普及。到了清代，踢毽子的技艺已相当高，还出现了以表演踢毽子为职业的艺人，他们具有较高的踢毽子技巧。清代阮葵生的著作《茶余客话》中这样记载："京师杂技，千态万状，以踢毽为最；三四人同踢，高下远近，旋转承接，不差铢黍。其中套数家门，凡百十种。"这说明当时毽子的踢法甚多，而且发展为数人同踢的技巧运动。清代翟灏在其《通俗编》中记载："今京师为此戏最工，顶额口鼻，肩背腹膺，皆可代足，一人能兼应数敌，自弄，则鞬子终日绕身不堕。"大意是说北京一带的民间艺人表演踢毽子，不论项、额、口、鼻、肩、腹、胸、头，都可以代替脚踢，一人可以应数敌，毽子始终不落。清人潘荣陛在其撰写的《帝京岁时纪胜》一书中则记述了当时北京民间踢毽者的高超技艺："都门有专艺踢毽子者，手舞足蹈，不少停息，若首若面，若背若胸，团转相击，随其高下，动合机宜，不致坠落，亦博戏中之绝技矣。"清代，踢毽子活动开展得十分普遍，而且技艺绝妙，功夫尤深。清初文学家屈大均在《广东新语》中记载了清代元宵节踢毽子的盛况："昼则踢毽五仙观，毽有大小，踢大毽者市井人，踢小毽者豪贵子。"意思是说在元宵节这一天，广州的男女老少云集五仙观进行踢毽子比赛，毽子有大小，所谓踢大毽者的市井人，是指专靠表演踢毽子为生的艺人，而踢小毽的人通常是富家子弟。塞外承德更有"踢毽之乡"的美誉，几乎家家有毽，人人会踢。一到新年，人们结伴成群，上街踢毽，一时彩蝶纷飞，似闻春讯。当时，根据踢毽子的难易程度和技巧的高低，踢毽又另有别称，难度大、技巧低的叫小踢，又叫小式，或称文式和盘踢技巧，适合妇女、儿童和老人；难度大、技巧高的叫大踢，又叫大式，或称武式和交踢。大踢的花样很多且成套，而且规格都很严格，不能前后调换着踢，也不能有遗漏。清代，踢毽子活动也受到了妇女和儿童的喜爱。《清代北京竹枝词》有这样的记载："青泉万选雉朝飞，闲蹴鸾靴趁短衣。忘却玉弓相笑倦，攒花日夕未曾归。"大意是说，女孩们爱玩踢毽子，称其为"攒花"，也就是"数人轮流踢毽子"的踢法，女孩子们为了踢得方便，只穿短衣，笑着闹着，到了日落都没回家。明末清初著名词人陈维崧作了一阕《沁园春》，也是歌咏闺人踢毽子的，词写道："娇困腾腾，深院清清，百无一为。向花冠尾畔，剪他翠羽，养娘箧底，检出朱提。裹用绨轻，制同毬转，簸尽墙阴一线儿。盈盈态，诧妙逾蹴鞠，巧甚弹棋。鞋帮只一些些，况滑腻纤松不自持。为频夸狷捷，立依金井，惯矜波俏，碍怕花枝。忽忆春郊，回头昨日，扶上栏杆别鬌丝。垂杨外，有儿郎此伎，真惹人思。"这首词形象地写出了一位清代女子在清幽的深院里踢毽子的盈盈姿态，那精心制成的毽子上下翻舞，变化多端，简直比踢球还巧妙，比弹棋更有趣味。清代著名的学士前因居士在《日下新讴》中有一首诗也提到了毽子，诗写道："杨柳抽青复陨黄，儿童镇日聚如狂。空钟放罢寒冬近，又见围喧踢毽场。"意思是说，每当杨柳凋零、天气寒冷的时候，踢毽子便成为少年儿童们十分喜爱的一项户外活动。

图1-5　《北京民间风俗百图》中的踢毽图

由于踢毽子趣味盎然，观之赏心悦目，这种运动也就成了民间艺术家的创作题材，至今我们仍可见到匠工们在花瓶上绘制的踢毽图。画家也把踢毽子的场面画下来，清代风俗画集《北京民间风俗百图》里的踢毽图（图1-5）就生动地展现了踢毽子的技巧。

（二）近代踢毽子的发展概况

20世纪二三十年代，涌现出一批全国闻名的踢毽能手，如北京的谭俊川、金幼申、傅子衡、林少庵，上海的周柱国、陈鸿泰，河北的杨介人，浙江的谢叔安，河南的路锦城等。踢毽技术在普及的基础上得到了发展与提高，各种踢法精彩纷呈，高难动作层出不穷，不同风格争奇斗艳，使我国传统的踢毽运动不断发展，日趋完美。

20世纪30年代民间踢毽高手

被誉为"毽儿谭"的谭俊川，从小酷爱踢毽子，受到名家连永山的指点，刻苦习艺，练就了一身绝技，他78岁时还能一口气踢6 000余下，被后人尊称为"毽神"。他踢毽时可用身体各部位弄毽,他把踢、跳、接、旋、触各种动作、方法交织串编成不同的套路表演,如串腕、钓鱼、葫芦、跳铁门坎等,竟有23套之多,表演时毽飞人舞、矫健多姿、技艺精湛,令观者惊叹不止。1902年,他根据史料及自己的体会和见解还写成了我国第一部毽谱《翔翎指南》。20世纪30年代,踢毽子被谭俊川搬上天津杂耍园子舞台。这时期在天津杂耍园子表演踢毽子的还有天津的毽子名家宋少臣、宋慧玲兄妹。他们的腰腿功扎实,动作轻快,小动作细腻灵巧,大动作舒展大方。宋少臣的绝活之一是踢碟上顶、踢毽入碟(类似当今"高车踢碗"的技巧)。宋慧玲更是红极一时的女高手,她的动作姿势幅度小,毽子踢得低,表演姿态优美典雅,毽飞人舞,矫健多变,独具一格。天津还有一位踢毽子高手周占元,他以技巧著称,尤其擅长"踢碟"绝技,他可以把4个毽子分别踢到头顶上的4个小碟子里,技巧难度之高,令人咋舌。

19世纪末20世纪初,踢毽成为学校体育课程的内容。陈忠在其撰写的《文华书院的体育活动》一文中记载了武汉文华书院1899—1900年学生体育活动的情况,其中就描述了踢毽子的场景:"晚饭后,学生们有一个小时的自由活动时间,操场里呈现着生气蓬勃的景象。这儿一组学生在玩中国毽子,他们用脚把毽子踢到空中,或者用手甚至用脸来接毽子……"《建国前武汉体育大事年表》中也有关于学校开展踢毽活动的记载:"1913年,恽代英进入私立武昌中华大学学习,在校期间他创设了体育专栏,提出了体育与德育并列,并积极参加体操、美术、乒乓球、毽子、爬山、棋类等项目的活动实践。"

1928年12月,在上海举办"中华国货展览会"时,举行了我国第一次踢毽子公开比赛,这有力地推动了这项民间体育项目的发展。1933年3月26日,在南京又举行了一次全国性的踢毽比赛。据当时的报纸报道:"报名参加者颇为踊跃,其中有北京的傅子衡、金幼申,河北的杨介人,此三人对于踢毽子极有经验,能踢之花式均有百余种之多,观者无不赞美。此外,有著名体育家及踢毽能手参加,届时定有一番热闹也。"同年,上海、武汉还举行了全市性的踢毽子比赛。1934年,中央苏区的生活艰苦,条件简陋,但教育人民委员部颁布的《俱乐部纲要》中仍然号召:"在最荒僻的地方,可以组织踢毽子、放风筝、赛跑和跳远等简单易行的运动比赛……"红军到达陕北后,这一活动仍未中断,在不少单位还十分活跃,如鲁迅师范学校的师生就组织了跳绳队和毽子队,经常进行表演和比赛。但是,此后踢毽子活动逐渐衰落。中华人民共和国成立后,这项民族体育项目才逐渐得到恢复与发展。

(三)我国毽球运动的诞生

1. 广州"网毽"游戏是毽球运动的雏形

踢毽子活动在我国的北京、天津、上海、广州、承德和洛阳等地都有着广泛的群众基础。在这些地方，踢毽子活动在群众中广为流传、长盛不衰，而且随着踢毽技艺水平的不断提高，踢毽逐渐由个人技艺展示向双人、三人和多人的集体合作方向过渡，既有个人技艺的特点，又渗透了集体的配合，这使人们对踢毽子产生了浓厚的兴趣。1945年，我国部分城市开始定期举行踢毽"过河"比赛，其规则是将长方形场地用一米宽的"河"分开，甲、乙两队各占一方进行对踢，若毽未踢过"河"则失1分，每局10分，一般采用五局三胜制。1947年前后，广州出现了"网毽"游戏。这项活动起初只是流行于三轮车和个体摊贩之间，他们经常在闲暇之余相互集聚在一起，并在两车之间拉起一根绳子，以绳代网，用空中的"绳"取代地上的"河"，这既扩大了踢毽子的空间范围，又增加了踢毽子的难度。与此同时，简单的网毽运动比赛规则也应运而生。比赛通常在长、宽各6米的两块场地上进行，上场队员2~3人，隔网对踢，落地为败，双方竞争往往十分激烈。由于网毽运动简便易行，所以很受群众喜爱，特别是在闲暇时进行的比赛，经常吸引不少街头巷尾的群众围观，不少群众受此影响，逐渐加入网毽运动。与此同时，网毽运动也逐步向企事业单位、学校渗透。另外，由于广州特殊的地理环境，随着华侨的往来，网毽运动也先后传到了东南亚一些国家。

中华人民共和国成立后，广州市体委在"总结研究和发展推广我国民间体育"的方针指导下，使网毽运动以崭新的姿态出现在体坛，广州每年都要举行全市性的网毽比赛。1956年，广州市网毽比赛产生了12支较高水平的网毽甲级队伍，与此同时，广州市体委还制定了《网毽竞赛规则》。之后，全国各地也掀起了开展网毽运动的热潮，这推动了网毽运动的发展。网毽运动起源于广州，后来发展成为现代毽球运动，网毽运动是毽球运动的雏形。

2. 群众性踢毽活动是毽球运动诞生的基础

新中国成立以来，党和政府十分重视继承和发扬民间传统体育项目，除了制定许多法规之外，还相应地采取了一系列积极的保护性措施。在各级政府和体育部门的倡导和关怀下，踢毽子这项民间体育活动逐渐得到恢复和发展。1950年，北京市将社会上以踢毽子为生的民间艺人组织起来加入杂技团，在对民间传统的踢毽子加以整理和提高的基础上，专设踢毽子表演项目，其在出访表演中受到了热烈的欢迎与赞扬。北京、天津、上海、保定、广州、武汉、洛阳等地参加踢毽子的人越来越多，各地也开始组织城市踢毽比赛，比赛方式有单人踢、双人踢，也有集体踢，还有花式踢毽表演。1957年，武汉市把踢毽子列入竞赛项目，形成了各学校人人踢、班班比、校校赛的校区选拔局面。武汉市每年冬季至少有几十万青少年参加踢毽子比赛，这使得踢毽子活动蓬勃地开展起来。1963年，踢毽子和跳绳被列为国家提倡开展的体育活动项目，踢毽子还被编入了小学体育教材。1964年7月，广州市体委继1956年举行第一次全市网毽比赛之后又举行了水平较高的"广州市网毽邀请赛"，有15个单位参加了比赛。"文化大革命"期间，尽管网毽运动一度受到严重冲击，但广州市体委在庆祝"五一"劳动节时，仍把网毽运动列为表演赛项目。1981年，中央新闻纪录电影制片厂专门把网毽运动拍成纪录片《飞毽》在全国播映，映后反响很大，受到了各界的好评，对进一步推动群众性网毽活动的开展起到了很大的促进作用。

  1979年，上海《青年报》组织了全市"红花杯"踢毽比赛，100多万名中小学生参加了踢毽选拔赛，规模之大、场面之壮观是空前的，整个赛程历时两个多月。上海电视台积极地向广大群众推荐了踢毽运动，上海人民广播电台还专门发了新闻消息，上海各大报纸也连续报道了该比赛。这场比赛不仅在上海造成了极大的轰动，对全国的震动也很大，它把我国传统的民间踢毽子活动推向了新的高潮。踢毽子在我国东北地区（哈尔滨、长春、沈阳、大连）、西北地区、西南地区（重庆、成都、贵阳）等地也很盛行。1982年，哈尔滨市第一三六中学初三学生王丽萍用1小时28分钟，以5 684个的优异成绩获得全市中小学生踢毽子比赛的双脚踢（盘踢）第一名，这个成绩远远超过了1933年全国运动会踢毽第一名4 986个的成绩。20世纪80年代初，全国有几亿中小学生参加踢毽子活动。由于中小学生的广泛参与，踢毽活动引起了家长和社会的关注与重视，这也间接调动了成年人的参与意识。此后，越来越多的人参与到踢毽子活动中，使得网毽活动与群众性踢毽子活动进一步得到发展，这为我国毽球运动的诞生奠定了良好的基础。

  3. 国家体委的决策是毽球运动诞生的关键

  鉴于1982年广州市体委、天津市体委和辽宁省体委等开展网毽活动的总结汇报及1983年底中国火车头体协关于全国铁路职工开展毽球比赛的经验和网毽规则的汇报，国家体委对我国民间流传较广的踢毽活动进行了初步的研究。在总结各地开展踢毽活动的基础上，国家体委于1984年3月3日作出了"关于把毽球列为正式比赛项目进行发展和提高，希望各级体委同有关部门，广泛宣传，举办竞赛，积极开展这项活动并组织业余训练，不断提高运动技术水平"的指示。同年3月28—30日，在北京举行了全国毽球邀请赛，全国各省市体委应国家体委的邀请都派出了代表到北京观摩与学习。在赛前培训期间，国家体委主任李梦华同志在接见各省市代表时做了重要讲话，讲话指出："毽球很有意思，全国踢毽子的人很多，这个项目搞起来，群众性不会亚于乒乓球。我们的体育事业不仅要着眼于开展现代的奥运会项目，还要注意挖掘我们的民族体育项目，既要用现代体育的内容来充实民族体育，又要用民族体育的精华来丰富现代体育。同时，我们还有责任把我们优秀的民族体育项目推广到世界体坛，中国应该对世界体坛有所贡献。"

国家体委的决定和李梦华主任的讲话，立即得到了全国各省市体委、教委的积极响应，此后，一个在全国范围内开展毽球运动的热潮逐步掀起。1985年4月26日，吉林省体委、教委以及长春市体委、教委在长春市第十一中学召开了吉林省首届毽球现场会，来自全省各地的代表近500人兴致勃勃地观摩了此次活动。吉林省还向全省发出了《关于在全省开展毽球运动》的通知。天津市体委于5月5日举行了全市性毽球邀请赛及天津市中小学生毽球赛，并命名天津国棉一厂为"毽球运动项目重点厂"。广东省体委、教委于5月8日发出了《关于在全省中小学广泛开展毽球运动的通知》，广东电视台还于5月5日派记者赴天津国棉一厂拍摄毽球活动的电视片。5月16日，吉林省又在长春市体育馆召开了有3 000多人参加的吉林省毽球队汇报表演会，并成立了长春市毽球协会。电视台、广播电台、报纸对此做了新闻报道，在社会上产生了强烈的反响。广州市体委于5月25—30日举办了全国毽球邀请赛，于6月成立了广州市毽球协会，并同市总工会联合举办了全市职工毽球赛。广州市体委、教委在6月27—29日还举办了全市中小学体育教师毽球学习班，广州市体委决定将毽球列为每年在9—11月举行的广州市运动会竞赛项目。中国火车头体育协会于9月23日在大连举行了全国铁路职工毽球赛。同年10月，湖北省体委、教委也举行了湖北省中小学生毽球赛，武汉化工学院举办了两期毽球裁判员、教练员学习班，湖北省沔阳县力争将全县创办成毽球之乡，武汉市还建议将毽球列入老年协会的项目。此外，重庆、西安、贵阳、上海、徐州、洛阳等城市为积极响应国家体委关于开展毽球运动的号召，都采取了多种形式的举措。这些都充分显示了这项有着几千年悠久历史的传统体育项目的强大生命力。

在我国毽球事业不断发展的过程中，1986年5月，由河北省承德市在《毽球信息》的基础上创办的《中国毽球报》，先后在全国各省市设立了近20个通讯联络站，这在宣传方针政策、传递信息、汇集资料、讨论与研究问题、交流经验和介绍人物等方面都起到了积极的作用，为促进我国毽球事业的发展作出了突出贡献。

4. 中国毽球协会的成立是我国毽球发展史上新的里程碑

在国家体委的重视与关怀下，1987年9月，中国毽球协会在北京成立，组建了中国毽球协会的领导机构，设立了主席、副主席、秘书长、副秘书长、委员，并制定了毽球运动发展的纲领性文件——《中国毽球协会章程》，其中明确规定中国毽球协会是在中华全国体育总会领导下的群众性业余体育团体。

中国毽球协会下设技术、教练、裁判三个委员会，每个委员会下设主任、副主任、委员等职务，定时召开会议，研究部署工作，统筹全国各地毽球协会的工作，为推动我国毽球运动的发展起着领导和组织作用。

1987年10月，国家体委及中国毽球协会在重庆举办全国毽球锦标赛期间召开了三次会议，会议将全国各省市各行业体育协会为推动我国毽球运动而举办的各种形式的全国性毽球比赛定为全国毽球锦标赛，全国花毽锦标赛，中华杯赛（后改为全国职工毽球甲、乙级锦标赛）及全国大、中、小学生毽球锦标赛。这三次会议的召开，对我国毽球事业的发展起着积极的推动作用，它标志着中国毽球运动进入了一个新的阶段。

中国毽球协会成立后，举行了几次重要的会议：

（1）国家体委、中国毽球协会于1988年2月3—6日在北京召开了技术、教练、裁判三个委员会的筹备组工作会议。三个委员会对毽球运动规则中的部分条款进行了认真的研究与讨论，并达成了一致的看法。这次会议对我国毽球运动技术的发展起到了由量变到质变的深刻作用，它既对现代头球进攻技术适当加以限制，又对古老的脚下踢毽动作加以升华和提高，进一步体现了以踢毽为主的民族体育项目的特点，开拓了新技术领域的"禁区"，使我国毽球运动技术水平向高、新、难的方向发展，促进了技术、战术的成熟深化，提高了技艺性和观赏性。

（2）国家体委、中国毽球协会于1989年10月2日在上海全国毽球锦标赛期间召开了三个委员会会议。

（3）1990年11月1日，国家体委、中国毽球协会在广州召开了三个委员会会议。会议期间，听取了由科研委员会（技术委员会改名为科研委员会）委托长春市第十一中学编写的毽球教学大纲及教材的情况汇报。在会议期间，国家体委、中国毽球协会表彰和奖励了为我国毽球事业不断发展作出积极贡献的企事业单位和毽球先进工作者。

（4）1991年9月9—12日，国家体委、中国毽球协会在长春召开了三个委员会会议，通过了科研委员会关于建议《统一毽球动作名称》工作计划的报告。

（5）1991年6月24日，在山西省召开了"1991年全国毽球研讨会"，研讨会在"百花齐放，百家争鸣"的方针指引下，对我国毽球运动的历史起源与现状、毽球运动员选材、毽球竞赛规则、毽球技术与战术及我国毽球发展趋势等进行了探讨，对在技术上向高、新领域发展作了交流。大会向荣获"优秀论文奖"的13名同志颁发了证书。大会还印发了《1991年全国毽球研讨会论文集》。

（6）1992年11月2—7日，国家体委、中国毽球协会在江苏省高邮市召开了三个委员会会议。

　　（7）1994年4月，中国毽球协会召开了第三届全体委员会会议。会议修改了《中国毽球协会章程》，增设了新闻委员会、器材委员会、少年委员会。除全国毽球锦标赛外，每年要举办一次全国职工毽球赛、全国青少年毽球锦标赛、全国花毽邀请赛，每两年举行一次国际毽球邀请赛。

　　1995年10月，在云南省昆明市举行的中华人民共和国第五届少数民族传统体育运动会上，毽球被列为正式比赛项目，毽球第一次进入大型综合运动会。1996年11月，在上海市举行的第五届农民运动会上，毽球被列为表演项目，这是毽球首次进入农民运动会。

　　1996年，在毽球比赛中增加了单人比赛。同年，中国毽球队访日期间的表演比赛，引起了日本观众的浓厚兴趣与体育界的关注，这进一步扩大了毽球运动在国际上的影响。1992年，中国毽球队应邀赴德国进行表演比赛，所到之处，无不受到热烈欢迎与赞扬，给当地体育界人士留下了深刻的印象。德国一位名叫思路丁的客商，1989年10月末在上海举行全国毽球锦标赛时，专程来到上海，特意在江湾体育馆二楼看台架起一台摄像机，录制比赛场面与精彩镜头。他说："我要把中国的毽球带到德国去，让德国人也踢毽球。"他在中国不仅向太仓毽球厂购买了两万个毽球，带回德国去很快销售一空，而且还经常同中国队员练习毽球基本动作。1990年，在广州举行全国毽球锦标赛时，他又兴致勃勃地来到了广州，而且他在晨练与空闲时都聚精会神地练习基本动作。他对毽球运动有浓厚兴趣，在他的名片和运动衫上都印有毽球图像。他还亲自动手制作毽球录像带，成为我国毽球在德国的第一位传播者。在我国山西师范大学工作的美国女专家热情翻译了我国的《毽球竞赛规则》，便于回国后开展毽球活动。上海复旦大学外文系的日本专家鹿岛孝澄先生也十分关注我国的毽球运动，并表示回日本后在大学也要努力推广毽球运动。长春市第十一中学自1988年与日本九州女子高等学校结成姊妹校后的5年交往中，无论是接待日本教育考察团、观摩团、同乐会等团体，还是双方互派留学生学习，都把观看毽球表演作为接待日程中的一个重要项目。毽球显然已发展成为联系两校的纽带，而且也成为馈赠日本朋友的文化礼品。香港回归祖国后，内地与香港的接触日益频繁，原来由广州市自1986年承办的"五羊杯"毽球赛，逐渐发展为双方每隔一年轮流主办的赛事。1991年8月17日，中国台北市毽球委员会李明秀女士在北京同中华全国体育总会群体部协会办公室副主任王重华、中国毽球协会副秘书长殷佳珍就发展中国毽球问题进行了愉快的商谈。双方一致认为，积极发展中华民族传统体育，把毽球推向亚洲、走向世界，是海峡两岸共同的任务。双方探讨了今后加强两岸毽球界交往的具体步骤，并就规则、器材进行了商谈。这次会谈进一步增强了两岸毽球界的友谊，使两岸毽球运动的发展进入了合作的新阶段。

1993年10月，首届国际毽球邀请赛在我国重庆市举行，同期还举办了国际毽球讲习班。来自德国、韩国、日本、越南、中国香港和中国台湾的毽球领队、教练员、运动员与我国大陆毽球界的同行们进行了广泛的接触和切磋，既交流了球技，又增进了友谊，使中国毽球迈出了"冲出国门、走向世界"的第一步。1995年11月16—22日，第二届国际毽球邀请赛在武汉举行，来自德国、匈牙利、叙利亚、哥伦比亚、越南、日本、韩国7个国家和中国香港、中国台湾两个地区的代表队参加了比赛。中国大陆派出了第一届国际邀请赛的男、女前8名共16支代表队参赛。整个比赛气氛非常热烈，到处洋溢着中外运动员互相学习、切磋球技、共同提高的兄弟情谊。外国朋友们对中国毽球的热爱程度，从某种意义上讲甚至已超过我们，从这可以看到中国毽球完全具有在世界各地开花结果的无限生命力。

1997年11月8—12日，第三届国际毽球邀请赛在合肥举行，来自德国、匈牙利、越南、中国台北和中国香港特别行政区的代表队参加了比赛。中国大陆派出了第一届全国毽球锦标赛男、女队前8名参赛。这届邀请赛争夺十分激烈，男子组整个比赛打满三局的场次占一半以上。特别要指出的是越南男、女队，他们于1996年初成立了国家专业队后就进行了系统训练，每年组织全国性比赛，并在当年同前去访问的由辽宁队和湖北队组成的中国国家队的较量中处于上风。这届比赛越南男队进行了精心的准备，并根据自己的体能情况制定了切实可行的攻防战术。他们在小组赛上先后战胜上届锦标赛第四名中国江苏队和中国台北队，以1∶2负于中国火车头队获得小组第二名。在交叉赛中负于中国石化队，在争夺第五至八名的比赛中连克中国铁道部第三工程局队和中国冶金队最终获得第五名。而在这届单人赛中他们技高一筹，一路过关斩将勇夺第一名。越南女队虽然进攻和防守也成体系，但由于我国国内几支队伍经验丰富，在强攻和战术进攻上占有绝对优势，他们最后获得了团体赛第九名和单人赛第四名。另外，德国、中国台北、匈牙利和中国香港特区队水平也有不同程度的提高，但他们在训练质量和战术运用上同中国内地的队伍相比还有一定差距。如果说前两届仅仅是切磋和交流，那么在第三届就发展到了名次的真正角逐。从团体赛和单人赛中可以看出，中国男队体能明显不如越南队，且越南队在技战术方面也有独到之处，其单人控球能力、战术意识及中场进攻质量都超过中国队。团体赛我们只有三四支队伍有把握战胜对手，这也给训练工作提出了新的课题，那就是如何在体能和技战术训练上有新的突破，保持我们的优势夺回失去的冠军。通过三届国际毽球邀请赛和我国的出访推广，毽球运动的水平提高很快，影响也日益扩大，德国、越南、匈牙利等国积极承办国际毽球邀请赛。中国毽球开始跨出国门、走向世界。

1999年11月11日，中国、越南、老挝、德国、匈牙利、荷兰、中国香港、中国台湾等国家和地区的代表云集越南首都河内，经过两天的讨论，就成立国际毽球联合会有关事宜达成了一致意见。会上在充分征求大家意见的基础上选举出了国际毽球联合会首届领导机构。主席为戴文忠（中国），副主席为张维力（越南）、彼得（德国）、亚诺斯（匈牙利），秘书长为殷佳珍（中国），副秘书长为阮春贤（越南）、芭芭拉（德国）。酝酿已久的国际毽球组织终于成立。

在这次会上，国际毽球联合会决定，每年举办一届世界毽球锦标赛。首届世界毽球锦标赛于2000年7月14—21日在匈牙利举行。比赛共设7个项目，即男子团体赛、女子团体赛、男子单人赛、女子单人赛、男子双人赛、女子双人赛、混合双人赛。比赛采用两个小组分组循环比赛的方式，小组的前两名进行交叉赛，胜者决第一名和第二名，负者决第三名和第四名。

中国、越南、德国、匈牙利、芬兰、荷兰、老挝、中国香港、中国台湾等国家和地区，都经过了认真选拔、集中训练，选出了各自优秀的选手组队参赛。2000年6月，我国组成了由戴文忠任团长，殷佳珍任副团长的中国国家队参加首届世界毽球锦标赛。这支国家队，参加比赛人员少、项目多。尽管队员们发扬了顽强拼搏的精神，克服了许多困难，还是因准备不充分，整体实力不如越南队，仅获得女子团体赛、女子单人赛冠军。而男子团体赛、男子单人赛、男子双人赛、女子双人赛均负于越南队而获得亚军。

首届世界毽球锦标赛的失利，引起了国家体育总局、中国毽球协会的高度重视，对此，教练委员会专门进行了研讨，总结失利原因，找出解决问题的办法。中国毽球协会决定，2000年农运会冠亚军队伍湖北省男女队、广东省男女队代表中国参加在中国无锡市举行的第二届世界毽球锦标赛，要求湖北省、广东省有关部门早组队，认真备战，打好第二届世界毽球锦标赛，为国争光。

第二届世界毽球锦标赛于2001年9月18—22日在中国无锡市举行。来自越南、老挝、柬埔寨、匈牙利、中国、德国、芬兰以及中国香港8个国家和地区的17支男女队参加了7个项目的比赛。越南队凭着整体的实力和先进的技战术在男子单人赛、男子双人赛、男子团体赛、女子双人赛上继续保持优势，而两支中国队在男子项目上虽然同对手争夺激烈，但因体能和技战术不如对手，而且又是两支由不同省市队伍新组成的队伍，仍不敌越南队。而我国的女子项目继续保持领先地位。比赛结果越南夺得男子团体赛、男子双人赛、男子单人赛、混合双人赛、女子双人赛 5 项冠军，而中国队蝉联了女子团体赛、女子单人赛冠军。从这届世界毽球锦标赛看出，我国的训练水平下降、技术落后，这是亟待改进的。此后，中国毽球训练中心根据国际、国内毽球运动发展的需要，经国家体育总局的批准，一所专业化训练、科学化管理、专门向大学输送毽球人才的大、中、小学一条龙训练的中国毽球训练中心在广东省中山市小榄镇成立。中国毽球训练中心的成立，旨在发展、提高毽球运动水平，创办一流水平的毽球队，为国家培养优秀人才。它的成立，标志着我国毽球运动在提供专业化训练上又有了新的突破，毽球运动发展到了新的阶段。

第三届世界毽球锦标赛于 2002 年 10 月 20—26 日在德国哈根市举行。中国派出了广东省中山市小榄镇毽球队（女队）、湖北省（中国地质大学）毽球队男队共同组成的中国国家队同越南、老挝、柬埔寨、匈牙利、芬兰、法国、德国、中国台湾、中国香港等队伍同场竞争。在全部 7 个项目中，我国女队有所突破，在继续蝉联女子团体赛、女子单人冠军赛后，又战胜对手夺得女子双人赛冠军。这届世界毽球锦标赛反映出各队水平接近且技术都有提高，毽球运动的发展已走向成熟的阶段。同时这届比赛也给了我国毽球同行一个暗示：如果没有相应的对策，我们很快就会失去领先的女队位置。我们的规则也必须同世界同步，否则很难同越南队抗衡。

由于非典的特殊影响，原定于 2003 年 10 月在中国香港举行的第四届世界毽球锦标赛没能按期举行。这期间，我国的毽球比赛规则进行了修改。单人赛的场地缩小了，宽由原来的 6.10 米改成 5.18 米，双人赛由原来的 4 次击球改成了 3 次击球，而且没有 4 人次击球。改变规则的本意是想在激烈竞争的单人赛、双人赛、混双比赛 5 个项目上压制越南取得一定的技术优势。但在这种情况下，我们的进攻多数是不到位的开网进攻，反而给接发球后的组织造成了极大的困难。而越南队惯用的是国际规则。经过几年的实践，我国组成了长年训练的国家队，配有科研小组，通过对每项技术细节进行反复观察实践，逐渐形成了独特的风格，这给我们今后的争夺冠军带来了希望。

第四届世界毽球锦标赛在停办了两年后，于 2005 年 12 月 9—14 日在中国广州市举行。经过几年的发展，各国的毽球运动技术发展很快，形成了各自独特的风格。来自柬埔寨、芬兰、法国、德国、希腊、匈牙利、巴基斯坦、越南、印度、中国及中国香港、中国澳门、中国台湾 13 个国家和地区组成的 22 支男女代表队参加了此届锦标赛。我国派出了 2005 年全国锦标赛冠军队——广东省中山市小榄镇队，还派出了由湖北省、深圳市、广州市、辽宁省队球员组成的中国国家二队。这两支中国队代表了中国毽球运动的最高水平。经过 6 天的激烈争夺，中国队共夺得 2 枚金牌、5 枚银牌。纵观 7 个项目的比赛，冠

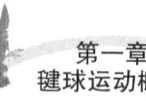

军的争夺主要还是在中国队同越南队之间展开，两队的差距非常接近，每个项目都是打满三局。但由于越南队对国际比赛规则理解更为透彻且能熟练运用自调自攻技术，加上良好的心理因素再次胜出。这次失利再次表明，全面利用规则和临时适应规则的效果是完全不同的。我们必须调整国内赛场的部署，有计划、有针对性地按国际比赛的规则进行训练，国家主管部门也要有对策，早做准备，以免出现更多的问题。

第五届世界毽球锦标赛于2007年10月4—10日在匈牙利举行，中国毽球队获得了1金6银的成绩，中国澳门毽球队获得了1金的成绩，越南毽球队获得了5金1银1铜的成绩，匈牙利毽球队获得了6铜的成绩。

第六届世界毽球锦标赛于2010年7月10—13日在中国广东省中山市小榄镇举行，来自中国、越南、德国、匈牙利等14个国家和地区的160名运动员参赛，中国队取得3金3银1铜的好成绩。本届赛事共设男女三人赛、男女双人赛、男女单人赛、混合双人赛7个项目的比赛。以小榄籍12名运动员为班底的运动员，代表中国队出征本届锦标赛，夺得男子团体赛、女子双人赛、男子单人赛3枚金牌。通过前五届世界毽球锦标赛的较量，逐渐形成了以中国、越南为第一集团，德国、匈牙利、中国澳门等为第二集团的竞争格局，各国家或地区之间毽球运动水平越来越接近。

第七届世界毽球锦标赛于2013年9月2—5日在越南举行，12个代表队的近200名官员、裁判员、教练员和运动员参加了此届锦标赛。历经4个比赛日的角逐，越南队获得4枚金牌、3枚银牌列奖牌榜第一，中国队获得3枚金牌、4枚银牌紧随其后，匈牙利队获得3枚铜牌位列第三。中国运动员在男单、女双和混双比赛中表现抢眼，而越南队则在女单、男双、女子三人和男子三人项目中夺魁。

第八届世界毽球锦标赛于2015年9月1—4日在意大利罗马举行。本届锦标赛由国际毽球联合会主办、意大利毽球协会承办，共有来自12个国家和地区的近200名运动员、教练员和领队参加。中国队派出23人参赛，获得男子三人、混合双人、男子单人3枚金牌。本届比赛中国男队6名选手中，有3名是高中在校学生，在决赛中，队员在先输一局的情况下放下包袱，敢打敢拼，最终以2比1逆转战胜越南队，获得了分量最重的男子三人赛金牌，这是中国队历史上第二次获得世界毽球锦标赛该单项的冠军。最终中国队获得3金4银，越南队获得4金3银，铜牌则分别被德国队、匈牙利队和中国澳门队获得。本届锦标赛共吸引了6支欧洲球队参加，其中，德国、匈牙利毽球队的水平较高，仅次于中国和越南。赛事的持续举行，带动了毽球运动在欧洲的普及和发展，也为中华民族传统文化的传播作出了积极贡献。

第二节
毽球运动的起源与发展

第九届世界毽球锦标赛于2017年7月21—27日在中国香港举行,有来自中国、越南、法国、匈牙利、德国、意大利、印度、印度尼西亚以及中国香港、中国澳门、中国台湾共11个国家和地区的队伍参赛。本次国家队分别由深圳市教育局代表参加女子三人赛、女子双人赛,天津体育学院代表参加男子三人赛、男子双人赛,小榄镇代表参加男子单人赛、女子单人赛、混合双人赛。中国毽球协会秘书长、国际毽球联合会秘书长魏勇带队出征。最终中国队获得2金5银,越南队获得5金2银,铜牌则分别被德国队、中国香港队和中国澳门队获得。

第十届世界毽球锦标赛于2019年8月21—24日在法国巴黎举行。这届世界毽球锦标赛由国际毽球联合会主办、法国毽球协会承办,设有男子三人赛、女子三人赛、男子双人赛、女子双人赛、混合双人赛、男子单人赛、女子单人赛7个比赛项目。本届世界毽球锦标赛中,中国队获得2金3银2铜;越南队获得5金2银;中国香港成为本届世界毽球锦标赛黑马,收获2银3铜;法国和匈牙利分别获得1枚铜牌。

三、毽球运动的发展趋势

(一)毽球技战术的发展趋势

1. 技术全面,凸显特点

毽球比赛发球方面,各队竞相采用侧抛发球和扫发球的发球方法和策略,以破坏对方的接球,进而破坏其快速进攻战术。在一接方面,由于训练时间和比重的增加以及接球技术的改进,失误率已大大减少,到位率明显增加,因此,接球方必须适应各种形式的发球,从而为快攻创造条件。

毽球比赛在扣球方面体现了以下特点:打破了按一定步法、一定方向助跑起跳的限制,采用各种变步、变向的起跳,以适应各种临场情况;打破了专位分工的限制,要求运动员全面发展,兼备扣快球和打强攻的能力;打破了定位扣球的限制,要求在积极跑动中实现进攻;打破了一点进攻的限制。

在拦网技术方面,突出了前排的活点进攻和后排的纵深进攻。对付强攻时,采用助跑摆臂高跳后充分展髋、伸腿技术;在对付快攻时,采用连跳技术;对付换位进攻时,不仅采用人盯人、人盯区域的拦网,有时还采用新型的重叠拦网;对付个人战术和扣球时,强调提高单人拦网的独立作战能力,有时利用身体在空中的移动去阻拦变线扣球,利用身体后仰拦网,力图将球拦起后组织快速反击。

在后排防守方面,强调运动员应掌握多种防守技术,并不断发展新技术,如跑防、定位防、封堵防、变向防。个人防守技术更注重判断选位及脚型的变化。

2. 高打、快变，互相促进

当前，世界毽坛形成了以快速多变为主体的亚洲型和以高打强攻为主体的欧洲型两种不同的打法风格。随着国际交流的加强和技战术的发展，这两种风格不断取长补短，将逐步缩小彼此间的差距，趋向相互融合，结合运用。

有些队根据自己的具体条件在继承发扬原有特长的基础上，学习新的打法，从而形成了自己的独特风格。亚洲型以中国、越南、老挝等国为代表，这些国家在继承发展快变打法的前提下，努力提高强攻突破能力。以德国、匈牙利、希腊等为代表的欧洲队，在不断提高强攻水平的同时，积极吸取快变打法的经验。

从毽球技术的发展趋势看，单纯依靠高度和力量，或单纯依赖速度和技术，都难以战胜强大的对手。世界强队都从自身条件出发，吸取各国之长，坚持把高度与速度、强攻与快变结合起来，发展自己的独特打法。

3. 身高弹跳不断增长，扣球和拦网对抗更加突出

随着规则的不断修改和技战术的发展，高度因素对一支队伍能否成为世界强队有重要影响。高度因素主要表现在两个方面：身高腿长和弹跳高度。

当前，世界各强队都极其重视专项弹跳力的训练与提高，队员高度的增加和进攻能力的加强，加剧了网上扣球和拦网的对抗。当今毽球比赛的胜负，在很大程度上取决于在全面技术基础上的网上争夺能力，扣球和拦网是比赛得分最重要的手段。没有强大的攻势和严密的拦网与防守，单靠后排防守是顶不住进攻、赢不了球的。

4. 进攻战术快又多变

当前，世界毽球进攻战术发展很快，正在向着高度加速度、强攻加快攻、力量加技巧的方向发展，主要表现为：

（1）在积极跑动、交叉掩护和突然变化中实现战术配合，使得对方防守出现判断错误，造成以多打少的有利局面。在这方面，亚洲一些队掌握得比较熟练，在打法上打破主攻和副攻机械分工的格局，主攻和副攻互相掩护进行突破，以加强全面进攻的能力，丰富战术内容，适应各种复杂的情况。在反攻中，不失时机地运用快速多变的战术，在对方补防未定、立足未稳的情况下，实行突袭。

（2）在网的前沿组织高点和远网的进攻，以避开对方的严密拦网。

（3）结合前排掩护，从后排纵深地发动进攻，组成多种配套的立体战术，以突破对方的严密拦网。

（4）重视在集体战术配合下的个人战术应用，如采用两线分化（直线或斜线扣球），平扣后区，转动脚踝，击身体出界和高点吊球等技巧，以加强突

破能力。

5. 防守战术灵活多样

世界强队在加强进攻的同时，都十分注重防守的训练和技术的提高。随着进攻的发展，在防守战术上都注重运用比较灵活多样的形式，如采用"一拦二防""二拦一防"的防守格局。其原则是：根据本队的实际情况和对手的进攻特点，合理地组织防守力量，并从有利于本方组织反攻的角度部署防守。

中国队根据来球的具体情况，通常采用放大马蹄形防守或缩小马蹄形防守以及运用不拦后撤及内撤等。在当前实力相当的强队比赛中，网上对抗非常激烈，有时为争夺一分，往往要激战很多回合。激烈的争夺，使各项技术大都既能得分，又会失分，从这个意义上讲，毽球比赛具有突出的攻防两重性。因此，毽球比赛对集体的协同合作，对每个队员全面掌握攻防技术、发展个人独特技巧以及培养顽强的作风等方面的要求都非常高。

（二）毽球规则的变化趋势

对于任何运动，其规则的变更必须符合以下三个条件：① 使该运动具有更高的技巧性；② 使该运动有更强烈的对抗性和竞技性；③ 使该运动更有观赏价值，更能吸引人。毽球运动规则从草案实施到正式规则的出版，多年来不断修改，今后也必然要不断修改完善。毽球规则的变化及发展趋势如下：

其一，规则规定比赛采取三局两胜、每球得分制，取消争夺发球权，不论哪一方发球，只要死球，拦死则得分，由得分队发球。这一改变可以节省时间。

其二，攻球一方攻球，攻击防守一方队员的头部后，球反弹回攻方场区，只要防守者头未过垂直线为被动，此球应判好球。

其三，防守一方拦网，双臂紧贴身体，堵截对方攻球，球触手臂反弹回对方场区，此球应判好球。此规则的变动有利于防守，但执法时应从严。

其四，今后有可能改为三人次三次过网，防守一方拦网时，触球一次不计其数，可以再三次过网。这种变化可使比赛节奏加快，但是这种减少次数的变化，只能在不影响战术变化的前提下考虑，如影响战术的变化，只是为了追求快节奏那就没有什么实际意义。

（三）毽球训练工作的发展趋势

毽球运动由于起步晚，全国大多数都是业余训练，要想取得优异成绩，必须科学训练，刻苦训练，这主要表现在训练方法正确、运动量合理、训练时间足够长等方面。今后毽球训练工作的趋势是加强科学性，讲究实效，同时在选材上用量化标准全面衡量，即队员要有一定的身高（男 1.75~1.85 米，女 1.60~1.75 米）、反应敏捷、心理素质稳定、具有良好的身体素质。

第三节 毽球运动赛事简介

一、我国毽球运动赛事发展

1984年，国家体委将毽球列为正式比赛项目，并组织了全国毽球邀请赛。在政府和体育部门的倡导下，毽球运动在北京、湖北、山东、广东、上海、陕西、河南、山西、黑龙江、吉林、辽宁等省市广泛开展，各地相继组织了各种类型的毽球比赛，越来越多的人参与到这项活动之中。随着毽球运动的快速发展，毽球比赛的影响力逐渐扩大，毽球项目开始被列为许多综合性赛事的正式比赛项目。

1995年10月，在云南昆明举行的第五届全国少数民族传统体育运动会上，毽球被列为正式比赛项目，第一次进入大型综合运动会。

1996年11月，在上海市举行的第五届全国农民运动会上，毽球被列为表演项目，首次进入农运会。

1997年11月，"97新安晚报杯"国际毽球邀请赛暨全国毽球锦标赛在安徽省合肥市举行。

1999年7月，中华人民共和国第七届中学生运动会"健力宝杯"毽球比赛在广东省广州市举行。这是毽球首次作为全国中学生运动会正式比赛项目。

2000年10月，中华人民共和国第四届农民运动会毽球比赛在四川省绵阳市举行，毽球和花毽被列为正式比赛项目。

2007年7月，中华人民共和国第八届大学生运动会在广东省广州市举办，毽球被列为正式比赛项目，花毽被列为表演项目。

2007年10月，中国澳门"回归杯"毽球团体邀请赛在澳门特别行政区举办。这次比赛邀请了海峡两岸及香港的毽球精英同台竞技、交流球技，增进中国传统体育项目的交流。

2008年8月，第三届粤、港、澳、台毽球埠季赛在中国澳门举办。

2010年7月，"世界经典照明杯"第六届世界毽球锦标赛在广东省中山市小榄镇举办，这是我国第二次承办世界性的毽球比赛，同时标志着我国毽球竞技水平迈入毽球强国之列。

2012年6月，"体育彩票杯"全国毽球锦标赛在广东省广州市举办。随着广东省多次举办毽球比赛，毽球运动已逐渐深入到老、中、青、少儿各个层面，深受人民群众的喜爱。广东省各级政府及学校也十分重视毽球运动的发展，深圳、中山、珠海、广州、韶关等地的社区和学校毽球竞技水平逐年提高，从中选出优秀运动员加入国家毽球队，代表国家征战世界毽球比赛，获得了骄人战绩。

2015年12月，广州市组织了首届"全国传统毽球比赛（平推）"，第一次将广大市民喜爱的平推毽球纳入全国正式比赛项目。这也说明毽球运动具有广泛的群众基础，易于普及和推广。

2016年7月，全国青少年（中学生）毽球锦标赛在贵州省惠水县举办。鉴于全国各地已陆续开展毽球运动，国家体育总局社会体育指导中心以及中国毽球协会也有意识地将全国青少年毽球锦标赛放到山西、上海、四川、河南、内蒙古、山东等地举办，以促进毽球运动的普及和推广，发展中国传统体育运动。

2018年11月，第一届"原本体育杯"广东省平推毽球竞赛活动在广州黄埔体育中心体育馆举行。比赛历时两天，共有67个单位112支队伍参加，运动员将近700人。赛事由广东省社会体育中心、广东省毽球运动协会主办，广州市黄埔发展体育中心承办，广州康亿体育产业发展有限公司运营。竞赛项目有男子三人赛、女子三人赛、男女混合三人赛。平推毽球不同于以往的竞技毽球，它技术难度不高，参与门槛低，因此，首次举办的省平推赛吸引到许多单位平推毽球爱好者的参与。这是全国规模最大、人数最多的平推毽球比赛。

2018年12月15—16日，粤港澳大湾区毽球邀请赛暨第六届广州毽王争霸赛在广州市海珠区全民健身中心体育馆举办。本次比赛由广东省体育局主办，广东省毽球运动协会、广州市毽球协会、广州恒盈体育文化传播有限公司承办。赛事为期两天，来自粤港澳大湾区73支队伍，共571名运动员和教练员参加。比赛共设大湾区组毽球男女三人赛、混合双人赛；公开组毽球混合三人赛、平踢三人赛及一分钟单踢等项目。本次比赛不同于以往的竞技毽球，它面向所有毽球爱好者，其中部分项目技术难度不高，参与门槛低，因此吸引了粤港澳许多单位人员及其他毽球爱好者参与。参赛选手中年龄最小的只有9岁，最大的65岁。主办方相关负责人表示，本次比赛检阅了民族传统体育项目在广东各地及各类群众中广泛开展的成果。通过比赛联络结合港澳地区的毽球爱好者，形成全民健身运动一体化的格局，推动了全民健身运动，传承了民族传统体育文化，促进了粤港澳大湾区的民族团结和经济建设与发展，也丰富了全民的业余生活，提高了全民素质。

2019年5月"体育彩票杯"广东省第十二届毽球锦标赛在肇庆市体育中心体育馆隆重举行。此次赛事由广东省社会体育中心、广东省毽球运动协会主办，广东省少数民族体育协会、肇庆市文化广电旅游体育局承办。本届锦标赛分为成年组、青年组、少年组、儿童组、少数民族组共5项比赛项目，吸引了广东省内高校、中小学生、社区、企事业等单位166支队伍，各领队、教练员、运动员共1 057余人参加。

二、国内外主要毽球赛事介绍

1987年9月，中国毽球协会的成立，标志着毽球运动在我国进入了新的发展阶段。此后，每年一次的全国毽球锦标赛、职工毽球比赛和中小学毽球比赛逐渐形成制度，毽球也开始被列为许多综合性赛事的正式比赛项目。1999年，国际毽球联合会（简称"国际毽联"）成立。2000年7月，第一届世界毽球锦标赛在匈牙利举行。此后，国际毽球联合会每年举行一次世界毽球锦标赛（后改为每两年一次），毽球运动逐步走向世界，成为一些世界综合性赛事的正式比赛项目。2009年10月，第三届亚洲室内运动会在越南河内举行，毽球被列为正式比赛项目。在所有毽球赛事中，影响力最大、参与人数最多的是全国毽球锦标赛和世界毽球锦标赛。

（一）全国毽球锦标赛

全国毽球锦标赛由国家体育总局社会体育指导中心和中国毽球协会主办，是我国毽球竞赛级别最高的赛事，每年举办一届。

1. 比赛项目设置

（1）毽球。毽球分为男子三人赛、女子三人赛、男子双人赛、女子双人赛、男子单人赛、女子单人赛和混合双人赛7个小项。

（2）花式毽球。花式毽球分为男子个人规定套路、女子个人规定套路、男子个人自选套路和女子个人自选套路4个小项。

（3）平踢毽球。平踢毽球分为男子三人赛和女子三人赛两个小项。

2. 参赛办法

（1）接受社会公开报名。

（2）毽球比赛每队限报男、女运动员各6人，其中，三人赛限报男、女各1队，双人赛限报男、女各1队，混合双人赛限报1队，单人赛限报男、女各1人。

花式毽球比赛每队限报男、女运动员各2人。

平踢毽球比赛每队限报男、女运动员各4人。

毽球项目和平踢毽球项目不得兼报。

3. 比赛办法

（1）比赛执行中国毽球协会最新审定的《毽球竞赛规则》《花式毽球竞赛规则》和《平踢毽球竞赛规则（试行）》。

（2）三人比赛分两个阶段。第一阶段根据参赛队数分组循环，计分方法为胜一场得2分，负一场得1分，弃权为0分，按积分多少排列名次；两队或两队以上积分相等，净胜局多者，名次列前；仍相等，净胜总分多者，名次列前；再相等时，抽签决定名次。小组出线后，进行第二阶段交叉淘汰赛。

（3）双人比赛、单人比赛、混合双人比赛采取单淘汰赛制。

（4）比赛的分组和单淘汰赛及花式毽球规定套路、自选套路的出场顺序均在赛前技术会上抽签决定。

（5）毽球、平踢毽球比赛使用"新健牌"306A 毽球；花式毽球比赛规定套路使用 XJ-206 鸡毛毽球，自选套路器材可按规则规定自备，但在比赛前须交于裁判组审验。

（二）世界毽球锦标赛

世界毽球锦标赛由国际毽球联合会主办，是世界毽球竞赛级别最高的赛事。

1. 比赛项目

比赛共设男子单人赛、女子单人赛、男子双人赛、女子双人赛、男女混双赛、男子团体赛和女子团体赛 7 个项目。

2. 参赛办法

（1）每个国际毽球联合会会员均可报 1 队参赛，并欢迎非国际毽球联合会会员国家和地区参赛。东道主可增派 1 支参赛队。每个参赛队由领队、教练员和运动员组成，总人数不超过 10 人。

（2）各队应自带一名裁判员，该裁判员应具备上场执裁的能力。

3. 比赛办法

（1）比赛场地。团体赛、双人赛和单人赛的场地均长 11.88 米、宽 6.10 米。

（2）比赛均采用三局两胜、每球得分制，每局 21 分。

（3）若一局出现 20 平，实行轮换发球法，即首先由有发球权的一方发球，无论得分、失分，均由对方发球，以此类推，直至一队领先对方 2 分为获胜。

（4）比赛分两个阶段进行，第一阶段采取分组循环法，第二阶段采取交叉淘汰法。

（5）有效击球次数。男女团体赛为 4 次击球过网；双人赛为 4 次击球过网；单人赛为 2 次击球过网；以上比赛每名队员最多可连续触球 2 次。

（6）发球。团体赛中，取得发球权的一方应先按顺时针方向轮转一个位置，然后由轮转到 1 号位的队员发球；双人赛的发球顺序为轮换制。

（7）参加双人赛的运动员检录时予以最后确认，确认后的参赛人员在比赛中不得变更和替换。

（8）在决胜局中，某队先得 10 分时双方交换场地。

第二章
毽球的基本技术

第一节　准备姿势和步法移动

在毽球比赛中，任何技术和战术的应用，都是从准备姿势和步法移动开始的。

一、准备姿势

准备姿势的作用就是准备动员身体最大的能力，抓住时机，快速移动，及时发挥各种攻防技术。

毽球比赛的准备姿势有左右开立和前后开立两种。

1. 左右开立准备姿势

动作要领：两脚左右开立，略宽于肩，脚跟稍提起，脚掌内侧着地，两膝稍弯曲，重心稍降，上体放松前倾，两臂自然屈于体侧，两脚保持待动状态，目视来球（图2-1）。

重点：两脚掌的脚内侧用力着地，重心下降，两膝微屈稍内扣。

难点：两脚保持待动状态。

练习方法：可采用统一指挥、正确示范、个别纠正、强化定型或双人一组、互教互学的方法进行练习。

1 正面　　　2 侧面

图 2-1　左右开立准备姿势

2. 前后开立准备姿势

动作要领：两脚前后开立，支撑脚在前，左右脚间隔略宽于肩，前脚稍内扣，用脚掌内侧着力，后脚稍内扣，脚跟提起，用前脚掌内侧着地，两膝稍弯曲内扣，重心稍前移下降，两臂自然屈于体侧，两脚保持待动状态，目视来球（图2-2）。

重点：两脚掌着地，重心落于前脚。

难点：两脚保持待动状态。

练习方法：同左右开立准备姿势练习方法。

1 正面　　　　2 侧面

图 2-2　前后开立准备姿势

二、步法移动

步法移动的目的是调整人与球的位置，从而更好地发挥传、接、攻、防等各种技术。因此，步法移动必须快速准确。步法移动主要有以下 8 种：

1. 前上步

动作要领：前上步或者斜前上步时，踢球脚蹬地，支撑脚向前上方或斜前上方迈一步，踢球脚跟上成踢球准备姿势（图2-3）。

2. 后撤步

动作要领：后撤时，支撑脚蹬地，重心后移，同时踢球脚向后迈出一步，支撑脚跟上成踢球准备姿势（图2-4）。

3. 左右滑步

动作要领：左右开立准备姿势，左（右）脚用力侧蹬，重心侧移，同时右（左）脚向外侧迈出，左（右）脚迅速跟上，可连续滑步（图2-5）。

4. 交叉步

动作要领：向右（左）交叉步移动时，左（右）脚外侧蹬地，将身体重心移到右（左）脚，左（右）脚从右（左）脚前往右（左）侧交叉迈出，同时右（左）脚向外侧蹬地，从左（右）脚后侧迈出，成踢球准备姿势（图2-6）。

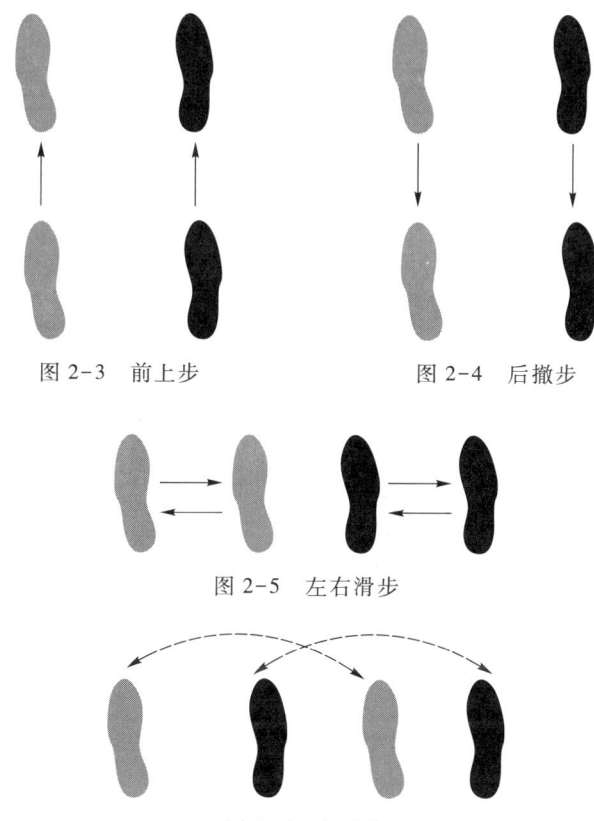

图2-3　前上步　　　　图2-4　后撤步

图2-5　左右滑步

图2-6　交叉步

5. 跨步

动作要领：支撑脚用力蹬地，重心前移，踢球脚跨出成救球姿势。

6. 并步

动作要领：前并步时，右（左）脚蹬地，身体重心前移，左（右）脚向前迈一步，同时右（左）脚跟上并步，准备接球或起跳。

左（右）并步时，右（左）脚向右（左）侧蹬地，重心向左（右）移，左（右）脚向左（右）侧迈出一步，右（左）脚并步跟上成准备姿势。

7. 转体上步

动作要领：左（右）转体时，以右（左）脚为中枢，左（右）脚向前蹬地，重心下降稍后移，以髋带动向左（右）转体90°~180°，成踢球准备姿势。

8. 跑动步

动作要领：跑动的第一步基本同前上步、后撤步和交叉步的第一步，第二步开始逐渐进入正常跑动，最后停止时重心稍下降成踢球准备姿势。

第二节　发球技术

发球是进攻的开始，既可以直接得分，又可以破坏对方一传，为防守和反击创造有利条件。一般常用的发球技术有脚内侧发球、正脚背发球、脚外侧发球和扫发球4种。

一、脚内侧发球

动作要领：持球抛脚前，抬腿加转髋，脚内侧加力送推球（图2-7）。

1 正面　　　　2 侧面

图2-7　脚内侧发球

重点：球与脚内侧接触的部位。

难点：击球时髋、膝、踝的协调用力。

练习方法：

（1）单人练习用不同的脚法发球（以过网有效为目的）。

（2）以控制球为目的练习低弧平快球、一般中速球和慢速落点球。

（3）以控制球的落点为目的练习快速后场球、高弧后场球、一般中场球和小弧线近网吊球。

（4）可进行一人多球发球练习，也可进行双人对发接球练习，还可将对方场区分为1~9区（图2-8），采用定区记数法或定时发区记数法进行练习，或者任意以区编组，进行成套点发球练习。

限制线	球网	限制线
7	8	1
6	9	2
5	4	3

图2-8　毽球场地分区

二、正脚背发球

动作要领：持球抛脚前，伸膝绷脚面，抖动加力击出球（图2-9）。该技术多适用于群众性体育活动。

重点：球与脚背接触的部位。

难点：击球时全身协调用力弹击球。

练习方法：同脚内侧发球练习方法。

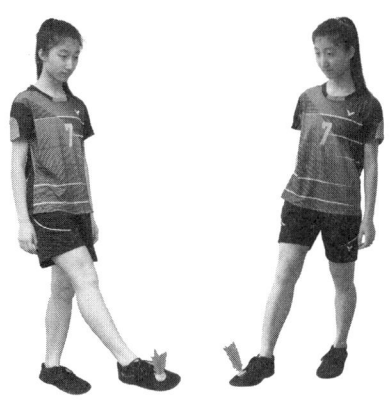

1 正面　　　　2 侧面

图2-9　正脚背发球

三、脚外侧发球

动作要领：持球抛脚前，抬腿踝外翻，外侧加力击出球（图2-10）。

重点：球与脚外侧接触的部位。

难点：击球时全身协调用力，脚外侧加力击球。

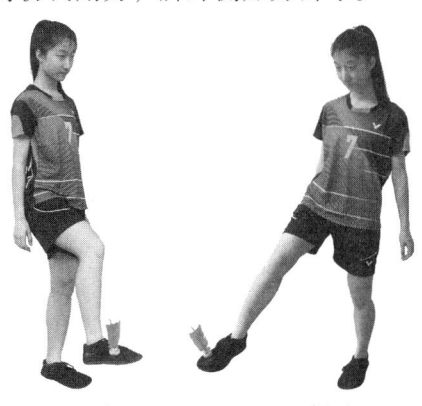

1 正面　　　　2 侧面

图2-10　脚外侧发球

练习方法：同脚内侧发球练习方法。

四、扫发球

动作要领：持球前上抛，抬腿至高点，转体抖踝击出球（图2-11）。该技术多适用于高水平毽球比赛。

重点：转体抖踝及支撑腿的稳定性。

难点：支撑点选择、摆腿的角度。

练习方法：同脚内侧发球练习方法。

图2-11 扫发球

发球在比赛中的应用

（1）盯人发球。发给对方弱点较大的队员或一传技术差的队员或刚上场的队员。

（2）找空发球。发三人的"中间地带"、网前球和两角的空位。

（3）破坏性发球。① 发弧度平、速度快、直奔对方腰部和头的追身球；② 发长短结合、平高结合、远近结合、快慢结合的突然变化球。

第三节　踢球、触球及传球技术

一、踢球（均以右脚踢球为例）

一般踢球方法有脚内侧踢球、脚外侧踢球和正脚背踢球三种。

1. 脚内侧踢球

动作要领：左脚支撑身体，右大腿带动小腿屈膝上摆，同时髋外展、外旋，小腿向上摆，击球的一刹那踝关节内侧端平，用脚弓内侧把球向上踢起。脚内侧踢球除一次性接发球外，多用于第二人次传球或调整处理球，其特点是击球稳、准，便于控制球（图2-12）。

重点：毽球与脚内侧接触的部位。

难点：击球时屈膝，髋外展、外旋，脚内侧端平。

1 正面　　　　2 侧面

图 2-12　脚内侧踢球

练习方法：

（1）采用单一练习、统一指挥、定时记数或定数计时的方法。

（2）脚内侧踢球与脚外侧踢球和正脚背踢球任意交叉编组，成套练习。

（3）单人练习可以由原地向行进间过渡。

（4）当个人练习有一定基础后，可进行双人对踢或一抛一踢练习，也可用接发球的方式进行练习，逐步掌握接踢来球的技巧。

注意：不管采用哪种练习方法，都要强调踢球时的协调、放松和柔和用力。

2. 脚外侧踢球

动作要领：左脚支撑身体，右脚大腿带动小腿屈膝上摆，髋关节外展、内旋，小腿向体外侧上摆，击球的一刹那勾足尖，踝关节外侧端平，用脚外侧把球向上踢起（图2-13）。

重点：毽球与脚外侧接触的部位。

难点：击球时屈膝，髋外展、内旋，脚外侧端平。

练习方法：

（1）采用单一练习、统一指挥、定时记数或定数计时的方法。

第三节　踢球、触球及传球技术

（2）脚外侧踢球与脚内侧踢球和正脚背踢球任意交叉编组，成套练习。

（3）单人练习可以由原地向行进间过渡。

（4）当个人练习有一定基础后，可进行双人对踢或一抛一踢练习，也可用接发球的方式进行练习，逐步掌握接踢来球的技巧。

注意：不管采用哪种练习方法，都要强调踢球时的协调、放松和柔和用力。

1 正面　　　　　　　　　2 侧面

图 2-13　脚外侧踢球

3．正脚背踢球

正脚背踢球方法有脚背屈踢、脚背绷踢和脚背直踢三种，它们的共同点是单脚支撑，用脚趾或脚趾根部踢球。

运用脚背踢球能处理不同高度、角度和速度的来球，踢接球时活动范围较大，常用于发球和接低球等（图 2-14）。

1 正面　　　　　　　　　2 侧面

图 2-14　正脚背踢球

动作要领：

（1）脚背屈踢。右脚大腿带动小腿，屈膝屈踝上摆，脚背与地面平行，用大腿上摆的力量把球向上踢起（图2-15）。

（2）脚背绷踢。脚背上绷，右腿膝微屈，脚微直，自然放松，当球下落到离地面10~15厘米时，脚插进球底部，小腿用力同时屈踝绷脚，用脚趾或脚趾根部把球向上踢起（图2-16）。

（3）脚背直踢。右脚大腿带动小腿屈膝向前摆，脚背绷直，扣脚趾，击球时小腿加速前摆（图2-17）。

重点：毽球与脚尖接触的部位。

难点：击球时脚尖跷挑上提及脚踝的爆发力。

 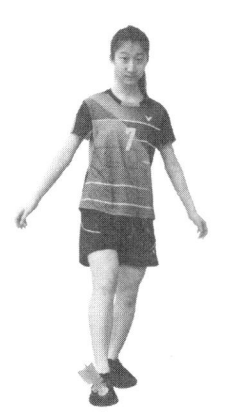 

图2-15 脚背屈踢　　　　图2-16 脚背绷踢　　　　图2-17 脚背直踢

练习方法：

（1）采用单一练习、统一指挥、定时记数或定数计时的方法。

（2）正脚背踢球与脚内侧踢球和脚外侧踢球任意交叉编组，成套练习。

（3）单人练习可以由原地向行进间过渡。

（4）当个人练习有一定基础后，可进行双人对踢或一抛一踢练习，也可用接发球的方式进行练习，逐步掌握接踢来球的技巧。

注意：不管采用哪种练习方法，都要强调踢球时的协调、放松和柔和用力。

二、触球

一般触球方法有腿触球、腹触球、胸触球、肩触球和头触球5种。

1. 腿触球

动作要领：左脚支撑身体，右腿屈膝，大腿带动小腿上摆，当球下落到略低于髋部时，用大腿的前半部分（靠膝部）触球（图 2-18）。

重点：球与大腿接触的部位。

难点：大腿触球的时机与用力。

练习方法：

（1）单人自抛自触练习。

（2）双人互抛触球练习。

（3）多球一抛二触（轮流进行）练习。

（4）结合踢球进行上述练习。

（5）双人踢球、触球练习。

2. 腹触球

动作要领：对准来球屈膝，略向后蹲，稍含胸收腹，当腹部触球的一刹那稍挺腹，如来球过猛，也可不挺腹，使球轻轻弹出（图 2-19）。

重点：触球前的收腹与屈髋动作。

难点：挺髋与收腹的时机，蹬地与挺髋的协调配合。

练习方法：同腿触球练习方法。

3. 胸触球

动作要领：两脚自然开立，当球传到胸前约 10 厘米处时，两臂自然微屈，两肩稍用力向后拉，挺胸，同时两脚蹬地，身体挺起，用胸部触球（图 2-20）。

重点：球与胸接触的部位。

难点：球与身体接触的时机。

练习方法：同腿触球练习方法。

　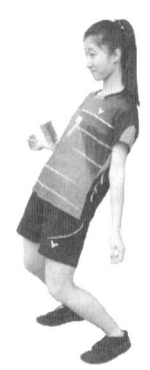　

图 2-18　腿触球　　　图 2-19　腹触球　　　图 2-20　胸触球

4. 肩触球

动作要领：两脚自然开立，对准来球，当球传到肩前约 10 厘米处时，肩稍后拉前摆，用肩部击球（图2-21）。

重点：触球的部位与触球前的身体姿态。

难点：两脚快速蹬伸与耸肩的协调用力。

练习方法：同腿触球练习方法。

5. 头触球

动作要领：两脚自然开立，当球传到头前10厘米处时，两脚蹬地，同时颈部稍紧张向前摆头，用前额触球（图2-22）。

重点：头触球的部位与触球前的身体姿态。

难点：两脚快速蹬地，扬头触球时的协调用力。

练习方法：同腿触球练习方法。

图2-21　肩触球　　　　图2-22　头触球

三、传球

传球技术在接发球、一传和二传组织进攻及防守组织反击中起着串联和纽带的作用，是组织各种进攻战术的基础。毽球的传球技术分为前面传球（脚内侧传球）、背向传球和侧面传球三种。

1. 前面传球（脚内侧传球）

动作要领：球点在体前，找好支撑点；大腿带小腿，将球托送前（图2-23）。前面传球具有准、稳的特点。

重点：击球点低于膝关节，传出的球要垂直或控制出球的方向。

难点：击球时屈膝，髋外展、外旋，脚内侧端平。

练习方法：

（1）单人自传踢各种不同高度、方向和落点的球。

（2）双人互传踢各种不同高度、方向和落点的球。

（3）三人或多人传踢各种不同高度、方向和落点的球。

（4）对准不同高度和距离的特定标志踢球，可定时记数，也可定数计时，反复练习。

（5）将不同要求和性能的传球编成号，并根据不同的目的，任意组织有一定套数的综合性练习。例如，"1"表示接球一传到网前的球，"2"表示近网二传垂直下落球，"3"表示近网较低的快攻球，"4"表示拉到边线的球，"5"表示向背后传的球，"6"表示模拟对方发到本方后场的球。有了上述各种不同的传球编号后，就可结合不同的进攻需要，进行有战术意识的综合传球练习，如单人"2、5"传球，双人"6、1、5、2、2"或"2、5、6、4"传球，三人"2、5、4"传球。

图2-23　脚内侧传球

2. 背向传球

动作要领：球点在体前，找好支撑点；身体成反弓，将球送后边（图2-24）。背向传球具有快、变的特点。

重点：判断球的落点，背对出球方向。

难点：用脚背将球准确送向后方。

练习方法：同前面传球（脚内侧传球）练习方法。

3. 侧面传球

动作要领：球点在体前，找好支撑点；身体向左晃，将球传右边（图2-25）。侧面传球具有快、准、变的特点。

图2-24　背向传球　　　　图2-25　侧面传球

重点：用右脚外侧击球。

难点：用大腿带动小腿的侧摆力量将球传出。

练习方法：同前面传球（脚内侧传球）练习方法。

传球在练习中应贯彻"稳、准、快、变"的原则

稳：主要体现在情绪稳定、思想稳定、沉着冷静，对任何困难的来球都要充满信心，协调柔和用力地稳定控制传球。

准：主要体现在判断准、移位准、传球目标准，特别要注意二传的准确性。

快：主要体现在判断快、起动移动快、选位出球快和与战术配合衔接快，能体现快攻的节奏。

变：主要体现在传球的瞬间动作有变化，球在方向、速度、力量和弧度上的改变都能体现出组织战术进攻球的特色，使对方难以琢磨。

第四节　进攻技术

进攻是完成战术配合的最后一击，也是得分的重要手段。强有力和富有战术的进攻能使对方防不胜防。

进攻技术分为头部攻球、倒勾攻球、脚踏攻球和肩压攻球4种。

一、头部攻球

根据击球部位的不同，头部攻球可分为正面头攻球和侧面头攻球两种。

1. 正面头攻球

动作要领：面向来球，单脚或双脚在限制线外起跳，在空中身体反弓，当球离头前10厘米左右时，突然用力收腹甩头，用头正面把球击出（图2-26）。正面头攻球简单易学，扣球时面对对方场区，便于观察，准确性大，能扣出各种线路的球。

重点：掌握原地正面头攻球的动作。

难点：全身的协调配合，球与头部接触的位置及腰部发力等。

练习方法：练习应遵循先原地后跳起，先正面后侧面攻球的原则，逐步提高难度。

（1）网前原地头攻自抛球练习。队员站在限制线附近面对球网，然后自己向上抛球，头攻球把球打过

图2-26　正面头攻球

网。认真体会击球动作。

（2）无球助跑起跳攻球动作练习。队员侧身站在限制线后1.5米左右的地方，从左至右与网成45°，向前两步或三步助跑起跳，完成无球情况下的头攻动作。认真体会助跑、起跳、空中击球和落地几个互相衔接的动作，注意动作的连贯性和协调性。

（3）头攻手抛球练习。教练员站在3号位限制线内向2号位手抛球，并控制好抛球的弧度和落点，落点离网约1.2米，头攻队员及时起动，助跑追球把球攻入对方场区。选择好起跳的时机和起跳点，认真体会跳到最高点时用头鞭打击球的动作。

2. 侧面头攻球

动作要领：侧对来球，单脚或双脚在限制线外起跳，在空中身体反弓，当球离头前10厘米左右时，突然用力收腹甩头，用头侧面把球击出（图2-27）。侧面头攻球可增加扣球点，扩大进攻面，利用摆头的幅度处理各种来球。

重点：掌握侧面头击球的动作。

难点：全身的协调配合，侧面摆头击球时机及腰部发力等。

图2-27　侧面头攻球

练习方法：同正面头攻球练习方法。

头部攻球在比赛中的应用

头部攻球曾一度是主要的进攻手段，限制区扩大后用这一技术进攻的队员较少。与脚攻相比，头部攻球体力消耗大、球速慢、力量小，现在很少使用了。

二、倒勾攻球

倒勾攻球是指主攻队员在进攻中采用脚的正面、内侧、外侧和凌空扣球动作将球击向对方场区，从而得分（图2-28）。倒勾攻球分为正倒勾球、内倒勾球、外侧勾球和凌空倒勾球4种。

1. 正倒勾球

动作要领：背向网，两脚平行站立，右腿蹬地起跳，左腿屈膝上摆，上摆到空中最高点时，左腿迅速下摆，同时右腿屈膝屈髋，大腿带动小腿用力上摆，当球下落到头的右侧斜前上方时，小腿用力摆出，击球的一刹那，脚腕抖屈，以脚趾或脚趾根部击球，随后左右脚顺势依次缓冲着地，保持身体平衡。

正倒勾球的特点是线路多，能变线，是进攻的主要手段；其缺点是背对防守者，易被对方拦网堵防。

重点：判断球的位置，起跳倒勾动作的协调配合，身体角度与踝关节发力等。

难点：身体的协调配合。

练习方法：

初学阶段：

（1）倒勾球模仿练习。

① 原地徒手倒勾球模仿练习。重点体会起跳、摆腿、空中击球和落地的动作要领。

② 上一步跳起踢标志物练习。标志物位于踢球者的前方，根据不同队员的起跳高度和摆腿的速度、幅度等个人能力，及时调整标志物的高度和远度，标志物可用吊球代替。

图 2-28　倒勾攻球

③ 树下自由起跳踢腿打树叶等。

（2）自抛自踢倒勾。自己用手将毽球抛起，然后快速起跳用正脚背倒勾攻球，重点是掌握起跳和空中击球的时机和方法。抛球的高度和远度可根据个人的能力调整，如判断球的能力、起跳高度和远度、摆腿速度、空中击球能力等。

（3）接队友抛球倒勾。踢球者面对队友，接队友用手抛来的球，练习倒勾球。球尽量要抛垂直，高度要符合踢球者的个人能力。教学重点是让队员初步掌握倒勾球的技术要领，在不同高度和远度的情况下踢倒勾球。

巩固阶段：

（1）自抛自踢过网练习。攻球者背对球网，自己用手将毽球抛起，同时快速起跳用正脚背将毽球倒勾过网。重点是熟练掌握倒勾球过网技术，巩固与提高倒勾球踢球动作的技术要领。

（2）自传自踢倒勾球过网练习。自己用脚内侧或正脚背将毽球踢起，并起跳用正脚背将毽球倒勾过网。重点是提高倒勾球过网技术，这个练习是教学中个人的主要练习方法之一。

（3）两人配合练习，一人传球一人踢倒勾球过网。踢球者背对球网，传球者正对踢球者，距离 1 米，用脚内侧或正脚背将球传给踢球者，倒勾过网。

动作自动化阶段：

（1）接 1 号位或 3 号位传球调整倒勾球练习。踢倒勾球者背对球网，接 1 号位或 3 号位传球，用自己脚内侧或正脚背踢一次球以调整球的高度和位置，然后倒勾攻过网。

（2）接球后倒勾球练习。教练员站在对方场地隔网用手抛球给踢倒勾球者，踢倒勾球者将球传给二传后，迅速移到网前将二传手传来的球倒勾攻过网。

练习的重点是快速判断移动并踢出倒勾球。

（3）结合比赛实战练习。教学时组织比赛并要求进攻方必须采用倒勾球进攻得分，否则得分无效，从而巩固和提高学生运用倒勾球的能力。

2. 内倒勾球

动作要领：基本同正倒勾球，不同之处在于踢球腿向内侧斜前上方，踢球脚击球一刹那稍向内翻。内倒勾球能击出转体或不转体的大小斜线球、直线球，变化大、角度好、技术动作难度大。

重点：判断球的位置，起跳倒勾动作的协调配合，身体角度与踝关节发力等。

难点：身体的协调配合。

练习方法：同正倒勾球练习方法。

3. 外侧勾球

动作要领：其方法基本同正倒勾球，区别在于击球前腿向外摆出，用身体外侧击球。

重点：判断球的位置，起跳倒勾动作的协调配合，身体角度与踝关节发力等。

难点：身体的协调配合。

练习方法：同正倒勾球练习方法。

4. 凌空倒勾球

动作要领：背向网，两脚左右站立，右腿用力蹬地，左腿屈膝稍向外侧上摆起跳，起跳到空中最高点，当球下落到体内侧斜上方时，左腿迅速下摆，同时右腿向里上摆，在空中往里转体。击球的瞬间，小腿加速上摆，脚背绷直，用脚趾或脚趾根部击球，然后左右脚依次缓冲着地。这种攻球技术难度大、攻击力强、力度好，但失误率高。

重点：判断球的位置，起跳倒勾动作的协调配合，身体角度与踝关节发力等。

难点：身体的协调配合。

练习方法：同正倒勾球练习方法。

倒勾攻球在比赛中的应用

倒勾攻球是进攻的主要手段。使用时应注意掌握击球的力量,把握击球线路和落点的变化,通过观察对方防守站位来确定进攻动作和攻球的落点。倒勾攻球一般应以大力为主,与拨、打、吊、抹相结合。

三、脚踏攻球

动作要领:面向网站立,左脚向前迈出一步支撑身体或跳起腾空,右侧大腿带动小腿迅速上摆,当摆到距球10厘米左右,展髋、展腹、伸腿、压扣脚,用脚掌的前半部分击球过网(图2-29)。

(1)左右变向球。抬腿举头上,触球能变向,动作幅度小,吊在空当处。

(2)吊球。加力助跑高举腿,迷惑对方向后退,将球轻托送网前,力量大小都适宜。

(3)推球。助跑腾空跳,防守向前靠,触球向后推,球落空当处。

(4)压球。助跑腾空跳,防守往后跑,小腿快回收,压球落近网。

(5)抹球。抬腿举头上,触球抹侧方,速度虽然慢,轻抹吊空当。

图2-29 脚踏攻球

重点:判断球的方向,脚掌击球的位置,小腿踝关节下压的时机。

难点:整个动作的协调配合。

练习方法:

(1)无球模仿练习,体会脚踏基本动作。

(2)脚踏悬挂球练习。

(3)脚踏手靶练习。

(4)自抛自攻脚踏攻球练习。

(5)一抛一攻脚踏攻球练习。

(6)自传自攻脚踏攻球练习。

(7)一传一攻脚踏攻球练习。

脚踏攻球在比赛中的应用

脚踏攻球适合于二传手和一传手掌握,由于面对防守者,随时可击出重踏、轻吊及变向进攻球,其隐蔽性强,杀伤力极大。

四、肩压攻球

肩压攻球是一项辅助性进攻手段,如使用得当,往往也能取得意想不到的攻球效果。

动作要领:当来球在近网上空,而攻球队员的站位又无法采用其他进攻方法时,可看准来球迅速起跳,在空中用肩部前侧压击球(图2-30)。

重点:用肩部前侧压击球。

难点:起跳的时机。

练习方法:

(1)单人自调自攻或一传多攻,定时记数。

(2)对同一攻球技术,攻不同线路和落点并记数。

(3)教练近网抛球,队员轮流攻特定性能的球。

(4)隔网抛球(或发球),两人以上组织配合进攻的战术球练习。

(5)不同防守阵形的攻防对抗攻球练习,可有记数要求。

图2-30 肩压攻球

第五节 防 守 技 术

防守是毽球比赛得分的关键技术,也是缓解对方进攻的最好方法,能为反击得分创造有利条件。防守技术分为拦网、踢防、触防和跑防4种。

一、拦网

拦网是在防守反击系统中最重要的技术。有效的拦网可以直接得分,削弱对方的攻击威力,还能组织强有力的反攻。

1. 单人拦网

动作要领:面向球网,距球网20~25厘米,双脚平行开立,与肩同宽,双膝微屈,重心下降,自然收腹,上体稍前倾,两臂自然屈曲,置于体侧,目视攻球,准备起跳拦网。当对方攻球(倒勾攻球、脚踏攻球)时,两脚用力蹬地起跳，两臂收拢自然下垂于体侧，提腰、收腹、挺胸堵击球。击球后，身体自然下落，双脚前脚掌先着地，屈膝缓冲（图 2-31）。

重点：提腰、收腹、挺胸。

难点：起跳时机。

练习方法：

（1）两人一组，互打攻防球，定时或定数交换进行。

（2）三人一组，一打二防练习，定时或定数交换进行。

（3）双人隔网互打攻防练习，定时或定数交换进行。

（4）双人互打多球练习，用单一防守技术防不同的来球，反复进行。

（5）个人对墙或对网做踢球和防守的练习。

（6）隔网多攻与防对抗练习，也可结合防反进行练习。

2. 双人拦网

动作要领：盯住对手击球点，双人网前滑步选准位，起跳时机是重点，拦正挡侧是难点，将球拦落对方处（图 2-32）。

重点：起跳时机。

难点：拦正挡侧。

练习方法：同单人拦网练习方法。

图 2-31　单人拦网

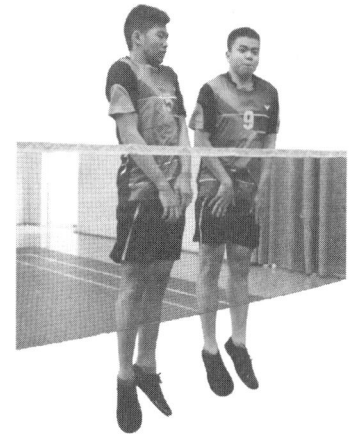
图 2-32　双人拦网

二、踢防

踢防是当对方将球攻击过网后，防守队员利用脚的各部位将球击起以便调整进攻的动作方式。

1. 内踢

动作要领：球的落点在身体前边，快速移动到位，在向内侧横向摆动小腿的同时，脚踝内侧端平，完成踢球动作（图 2-33）。

重点：快速移动到位。

难点：摆动小腿的同时，脚踝内侧端平。

练习方法：同单人拦网练习方法。

2. 外踢

动作要领：在腰和髋关节的带动下，向横外侧或后外侧摆动小腿踢球，踢球时脚外侧面摆平，完成踢球动作（图 2-34）。

重点：向横外侧或后外侧摆动小腿踢球。

难点：踢球时脚外侧面摆平。

练习方法：同单人拦网练习方法。

3. 挑踢

动作要领：看准来球，将脚插入球底下，在踢球的瞬间，依靠髋、膝、踝关节带动，抖动上挑脚尖，脚面的角度适当，完成踢球动作（图 2-35）。

重点：依靠髋、膝、踝关节带动，抖动上挑脚尖。

难点：击球时机。

练习方法：同单人拦网练习方法。

图 2-33　内踢　　　　　图 2-34　外踢　　　　　图 2-35　挑踢

三、触防

触防是三名队员根据对方攻球情况，在前边单人拦网的同时，侧边两名防守队员判断对方击球路线，用膝关节以上的身体部位堵触防，防守对方的攻球。

动作要领：根据对方攻球的情况，在单人拦网的同时，另外两名防守队员判断对方击球路线，用膝关节以上的身体部位挡球。

重点：用膝关节以上的身体部位挡球。

难点：判断对方击球路线。

练习方法：同单人拦网练习方法。

触防和踢防在比赛中的应用

触防和踢防防守成功的关键在于准确的选位、敏捷的反应和扎实的基本功。准备姿势要保持"动态"，在防守中的选位应根据对方的进攻特点和本方的拦网位置选位，注意保持好整体队形，形成立体防守模式。

四、跑防

跑防就是在对方攻球落在守方较大的空当区域，而球速又不是太快的情况下使用的跑动防守。这就要求防守者首先要有必胜的信心，敢于去追任何一个有难度的球，其次要根据来球的具体情况，采用准确的防守技术"起球"。要提高跑防效果，必须做到：判断准确，起动迅速，跑动积极，起球稳重。

动作要领：当对方的攻球将落于较大的空当区域，而球速又不是太快的情况下，快速跑动接近球，使用恰当的防守技术"起球"。

重点：起动迅速，跑动积极。

难点：判断准确，起球稳重。

练习方法：同单人拦网练习方法。

第三章
毽球的攻防战术

毽球比赛从发球开始，双方就无时无刻不在巧妙地运动和变换各种战术，以求有力地攻击对方，争取比赛的主动权，这使得比赛情况跌宕起伏，千变万化。毽球的战术是指运动员在比赛中根据毽球运动的规律、双方的具体情况和临场的发展变化，正确地分配力量，合理地运用技术及采取有组织、有目的、有预见性的措施协调配合行动，是一种有利于发挥己队所长、限制对方发挥、实现制胜的比赛艺术。

第一节　阵容配备、交换位置和信号联系

一、阵容配备（三人赛）

阵容配备是合理使用本队队员的一种组织形式，其目的是把全队力量有效地组织起来，最大限度地发挥每个队员的特长和作用。阵容的配备主要有以下5种形式。

1. "主攻型"配备

"主攻型"配备（图3-1）也称"一·二"配备，一般在一个上场队员的进攻能力较强、二传队员和另一队员攻击力较差时采用，即安排一名主攻队员，一名二传队员和一名防守队员。其优点是能充分发挥主攻队员的进攻威力，使场上队员分工明确、配合简单。在一个队的成长过程中，往往不可能同时拥有多名能攻善守的队员，在这种情况下，教练员往往会挑选防守能力和二传能力较强的队员上场，以增加整体实力。这种阵容配备的弱点是一点进攻，战术变化少，易被对方适应并有效地组织封堵和防守。此外，主攻队员在比赛中频繁地进攻，体力消耗大，会直接影响进攻的威力。

2. "二传助攻型"配备

"二传助攻型"配备（图3-2）也称"二·一"配备。当二传队员脚攻能力较强时，可安排一名主攻队员、一名二传助攻队员和一名防守队员。这种配

备的优点是二传队员脚攻速度快、隐蔽性强、进攻效果较理想，同时可牵制对方的封堵队员，为主攻队员减轻压力。因此，如果二传助攻与主攻队员能巧妙配合，交错进行进攻，可使对方防不胜防，弥补"主攻型"配备的弱点。

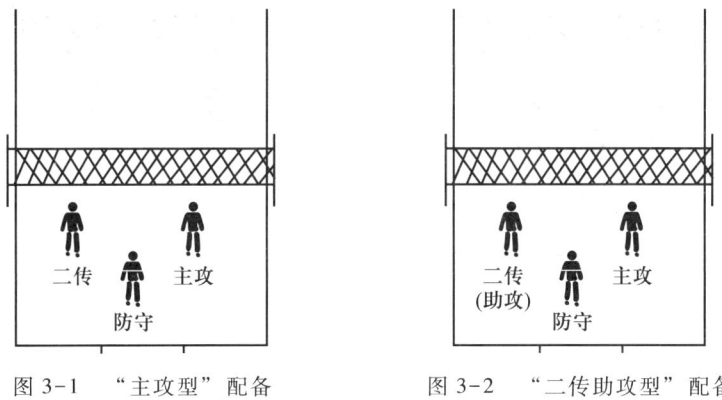

图 3-1　"主攻型"配备　　　　图 3-2　"二传助攻型"配备

3."无二传"配备

当队里缺少二传队员时，或当完全使用"一次传"和"自传"组织进攻时通常采用这种配备。一般而言，应在2号位和3号位各配备一名脚攻队员，1号位配备一名防守起球队员。这种配备的特点是进攻节奏较快，配合环节少，均为二人次发动进攻，但其战术变化少，无法组织整体配合。

4."头脚并用型"配备

当队里拥有出色的脚攻队员和头攻队员时通常采用"头脚并用型"配备（图 3-3），即配备一名脚攻队员、一名头攻队员和一名二传队员。一般而言，应把头攻队员安排在后排，这样便于其助跑攻球。因此，这种配备要求头攻队员不但进攻能力强，而且是一名出色的后排防守队员。这种配备的优点一是把网前的近网进攻与后排的远网头攻有机结合，形成立体进攻；二是把两种不同性能、不同节奏的攻球技术融为一体，丰富了战术变化。

5."全攻全守型"配备

当上场的三名队员都具备全面的攻、防、传技术，基本功扎实，战术意识强时采用"全攻全守型"配备（图 3-4）。这种配备兼顾了以上4种配备的特点，形成了三点进攻的全攻全守型打法。这种配备不但能完成基础配合，而且还能组织整体配合，是高水平运动队发展的方向。在配合中要求二传队员传球标准高、应变能力强，同时具有较强的助攻能力；而另外两名队员应分别熟练掌握倒勾、脚踏和头攻等进攻技术，达到各种进攻组织形式并存、攻守完备的境界。

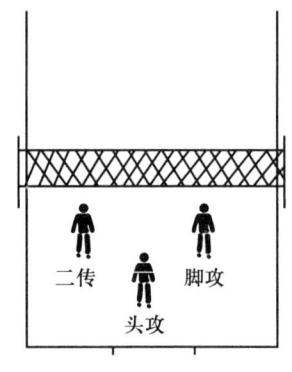
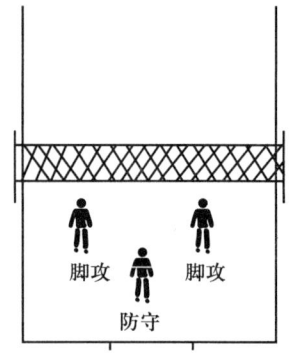

图3-3 "头脚并用型"配备　　　图3-4 "全攻全守型"配备

二、交换位置

为了最大限度地发挥每个队员的特长，调动一切积极因素，加强攻防力量以及弥补由于队员身体、技术发展不平衡所带来的缺陷，在规则允许的条件下（当发球队员击球之后，双方可以在本方场区内任意交换位置），常采用交换位置的方法来调整站位。

1. 二传队员的换位

当二传队员轮转到不在二传位置上时，可利用换位的方法调整到二传位置。当二传在后排时，可插到前排组织进攻，当二传在主攻位置时，可平行移动到二传位置进行传球。在对方发球的情况下，可让二传队员不接球，在本方发球后迅速换位。

2. 封网队员的换位

封网是防守的第一道防线，是网上争夺的焦点，一般来说，应把封网能力强的队员安排在网前。实际上，封堵队员都是由二传和网前的脚攻队员担任，这样有利于反击战术的组织。

3. 防守队员的换位

在比赛中主要担负防守任务的队员应换到后排，承担防守后排及中前场球的任务。后排队员在前排两名队员中间，可以左右兼顾，是防守任务中最重要的位置。

4. 倒勾队员的换位

一般情况下，应把倒勾队员换到网前其较习惯的进攻位置上，这样可缩短进攻时的移动距离，及时发动快节奏的倒勾，同时也可以与二传队员保持较好的对应关系，便于二传组织进攻。

5. 头攻和前踏队员的换位

头攻队员到后排有利于头攻队员的大幅度助跑和前冲起跳攻球。前踏是面对球网的进攻，队员移动距离短，将前踏队员换到后排可让其在后排防守的同时，及时上前参与进攻，有较强的隐蔽性。

三、信号联系

技术的合理运用和战术的娴熟配合，必须要有完善的信号联系。没有完善的信号系统来统一每位队员的行动，就不可能实现预定的战术意图，获得理想的进攻效果，还有可能造成配合的失误。队员之间的信号联系是根据本队的战术要求和队员的性格习惯，经全队统一，在长期训练中形成的。因而，各队都有自己特殊的联系方式和信号。信号联系的方式归纳起来有以下 5 种：

1. 语言信号联系

语言信号联系指队员直接利用简明、扼要、准确、肯定的语言，及时提醒队员和明确战术配合的联系方式。打好球的前提是队员之间应互通信息，不能"封闭"，在比赛中，队员之间不说话，打"闷球"，这场球就打不出应有水平。语言信号联系的弱点是容易暴露本队的战术意图。因此，比赛中要注意语言的隐蔽性，做到真真假假，虚实结合，让对方难以琢磨。

2. 动作信号联系

动作信号联系是在发球前或在比赛过程中，采用头、手、眼等的动作，按预先统一的暗号与同伴联络的方式。采用动作信号联系，要求动作简单明了、迅速准确、时机恰当、不出现错误动作，尽量避免让对方看见和识破。

3. 落点信号联系

落点信号联系是一种根据来球和起球的不同落点来决定战术配合的联络方式。它要求全队具有默契的配合、良好的战术意识和随机应变的能力。其优点是可以根据具体情况确定何种位置最有利于组成何种战术，使全队的战术变化处于自然的联系之中，有利于战术配合的形成及提高战术效果。这要在平时训练中反复强化才可实施。

4. 击球次数联系

击球次数联系是一种在起跳和防起时，根据一次击球或是两次击球来确定进攻战术的节奏和打法的联系方式。因为击球的次数会直接影响起球的节奏和稳定性，同时也会影响二传和进攻队员的击球次数。因此，在训练中，各队在组织不同战术配合时，对击球次数也有相应的规定。

5. 站位联系

在临场比赛中，二传组织何种战术往往根据进攻队员移动后所站的位置和身体的姿势来确定。当进攻队员跑到了理想的进攻位置或预定的进攻位置时，往往进攻欲望很强烈，其自信心足，成功的可能性就大，这时传球队员应根据具体情况，巧妙传球。

在实际比赛中，以上5种联系方式不是孤立的，而应综合起来运用，只有这样才能适应变化莫测、错综复杂的临场比赛需要。能否熟练地综合运用各种信号联系，是衡量一个队战术配合默契程度的重要标准。

第二节 单人赛打法

一、基本站立姿势

1. 平行站立姿势

动作要领：两脚左右开立，略宽于肩，脚跟稍提起，脚掌内侧着地，两膝稍弯曲内扣，重心稍下降，上体放松前倾，两臂自然屈于体侧，两脚保持待动状态，目视来球。

重点：两脚掌的脚内侧着地，重心下降，两膝内扣。

难点：两脚保持待动状态。

2. 前后开立姿势

动作要领：两脚前后开立，支撑脚在前，左右脚间隔略宽于肩，前脚稍内扣，用脚掌内侧着地，后脚稍内扣，脚跟提起，用前脚掌内侧着地，两膝稍弯曲内扣，重心稍前移下降，两臂自然屈于体侧，两脚保持待动状态，目视来球。

重点：两脚掌内侧着地，重心落于前脚。

难点：两脚保持待动状态。

3. 练习方法

可采用统一指挥、正确示范、个别纠正、强化定型、互教互学的方法进行练习。

二、移动接球

初学单人赛的队员，往往重视进攻动作，而忽略脚上的移动。毽球同其他球类不同，球必须在高点击回，这就要求单打运动员要在场地上积极跑动，如果步伐移动慢，跑动不到位，就接不到球。在一场比赛中，双方都在有意识地调动对方奔跑，当跑动不到位、出现空当时，则常被对手"攻死"。因此，从某种意义上讲，比赛即是场上比步法，步法稍慢的人常被击败。

（一）移动技术

移动是由起动、移动、调整到位配合击球和回动4个环节构成的。

1. 起动

起动包含判断和反应，判断正确、反应快，起动就迅速。因此，在起动这一环节中，除了要抓好反应速度外，还要提高判断能力（这与比赛经验颇有关系）。

2. 移动

一般来讲，运动员从中心位置起动后要迅速移动到击球位置。移动速度的影响因素包括步数、步频、步幅。步数的多少、步频的快慢、步幅的大小决定了运动员在场上的移动速度。要加快步法移动的速度，可以采用专项速度训练。

3. 调整站位配合击球

击球时，调整站位和步法要配合好，才能协调用力；较好地完成击球动作。否则动作容易变形，会直接影响击球的速度、力量和准确性。

4. 回动

击球后要尽快保持身体平衡，并回到中心位置，做好迎击下次来球的准备。当然，回动不是千篇一律地向场地中心位置移动，而要根据实际情况和战术需要来回移动。

（二）单人赛步法

单人赛步法中通常运用并步、垫步、交叉步、跨步、跑步、左右后转身步等组成一次移动步法。从中心位置开始向场区各个角落移动，可分为前上步法和两侧移动步法两种。

1. 前上步法

前上步法是指从中心位置向网前移动的步法。具体分为左前上步、前上步和右前上步。

2. 两侧移动步法

两侧移动步法指队员从中心位置向左右两侧移动的步法。

（1）向右侧移动步法。来球不靠边线时，用左脚内侧蹬地，上体倾向右侧，左脚向右侧跨步，脚尖朝外；来球靠边线时，可以左脚向右脚靠拢。

（2）向左侧移动步法。动作同上，方向相反。

三、发球

发球是单人赛中最重要的一环，是第一回合的进攻。质量高、攻击性强、变化大、准确率高的发球，会破坏对手的接球，给防守和反击创造机会。

1. 发球方式

（1）正脚背发球。持球抛脚前，伸腿绷脚面，抖动加力击出球。

（2）脚内侧发球。持球抛脚前，抬腿加转髋，踝内加力送推球。

（3）脚外侧发球。持球抛脚前，抬腿踝内转，外侧加力击出球。

（4）凌空发球。持球前上抛，抬腿至高点，转体抖踝击出球。

2. 比赛中的发球方法

（1）追人发球。发对手腹部或头上部位，让对手停接调整不到位，无法将球处理到对方场区。

（2）找角发球。发对手网前两个角、后场两个大角，给对手接球制造困难。

（3）破坏性发球。① 发弧度高、速度快、直奔对手左右腰部两侧的球；② 发长短结合、平高结合、远近结合、快慢结合的突然变化球。

3. 发球的练习方法

（1）持球做各种发球动作练习。

（2）练习发向对方场区各种角度的球。

（3）对方场区设一名队员，发球队员用上述方式发球，争取做到角度好、落点好，不让对手接到球。

为了确保发球的熟练性和准确性，建议学会 1~2 种发球方式，减少失误。

四、单人赛攻防战术

(一) 进攻动作

进攻动作分为脚踏进攻和倒勾进攻两种，其要领与团体赛动作要领一致。

(二) 进攻战术

进攻战术是进攻队员将接球、调球、攻球意识等个人行动综合体现的战术。进攻战术主要有强攻打空位、推搓后场、搓吊前场、防守反攻4项。

1. 强攻打空位

接发球落点在接发球调整范围之内，进攻队员利用调整动作避开对手的拦网、胸挡等防守方式，打对手空位，从而得分。

重点：利用调整动作避开对手的拦网、胸挡等防守方式。

难点：变向打对手的空位。

2. 推搓后场

接发球落点在接球调整范围之内，根据对手的站位，利用假动作向网前调整，然后突然推搓后场得分。

重点：利用假动作使对手防网前区域。

难点：变向推搓后场，高质量地完成动作。

3. 搓吊前场

接发球落点在接球调整范围之内，根据对手的站位，利用假动作把防守队员骗向后场，然后搓吊对手前场两个角得分。

重点：利用假动作使对手防后场区域。

难点：变向搓吊前场两角，高质量地完成动作。

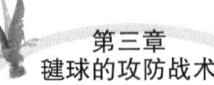

4. 防守反攻

进攻是要消耗体力的，控制不好容易失误，质量不佳，还容易被对手反击，这样就产生了防守反攻打法。这种打法以逸待劳，后发制人，先以推、搓、吊四角的方式，调动对方在跑动中勉强进攻，当对手攻球质量不高、回球位置不好和被动击球时，抓住战机反击得分。

重点：推、搓、吊四角调动对手，创造机会。

难点：抓住机会反击。

（三）防守方式

防守是反攻的重要环节，没有顽强的防守作基础，进攻就无处发挥。防守的方式有拦挡结合和中后场判断选位两种。

1. 拦挡结合

防守队员根据进攻队员的进攻点（如"网前或网上"），判断进攻的线路、落点，当对方向下发力强攻时，在运用脚防守不起作用的情况下，迅速向前上步，采用拦网防守和胸挡防守的方式进行防守。

重点：判断进攻线路。

难点：选择防守方式，拦挡攻球线路。

2. 中后场判断选位

防守队员根据进攻队员的进攻点（如"开网或中场进攻"），判断出进攻球不是大力扣杀，而是以打区域落点为主的进攻时，应迅速移动选位，进行有针对性的区域防守。

重点：判断攻球落点。

难点：迅速移动选位。

第三节　双人赛打法

双人赛是为同世界锦标赛接轨而设置的比赛项目。双人赛采用团体赛场地和规则，不同的是双人赛最多三次过网，可以三人次攻击球。双人赛是两个人同两个人之间的接发球组织、进攻和防守较量，其特点是易攻难守，战术简单而实用，对运动员的判断、反应、基本技术、战术意识和体能要求很高，具有一定的观赏性。双人赛项目的设置，给毽球运动增添了新的活力。

一、基本站立姿势

双人赛的基本站立姿势与单人赛、团体赛的动作要领相同（图3-5）。

准备姿势练习：可采用统一指挥、正确示范、个别纠正、强化定型、互教互学的方法进行练习。

1 平行站立　　　　2 前后站立

图 3-5　双人赛基本站立姿势

二、发球

发球是进攻的开始,也是直接得分的手段。有攻击性的发球不但可以直接得分,而且还可以破坏对方的战术意图,为己方的防守和反攻创造有利条件。

1. 发球的方式

(1) 正脚背发球。

(2) 脚内侧发球。

(3) 脚外侧发球。

(4) 凌空发球。

动作要领同单人赛。

2. 比赛中的发球方法

(1) 根据对方适应什么球、不适应什么球进行发球,发球要具有攻击性。

(2) 每局开始和比分领先时以发攻击性球为主。

(3) 比分落后时,为了扭转战局,力避被动,以发攻击性球为主。

(4) 比分相持时,如果双方接连失误,此时应发准确性球。

(5) 关键时刻,以攻击性为主,以便夺取胜利,奠定战局。

(6) 发给二传手两次或一次接球,让主攻手自己调攻或抢攻。

(7) 发给主攻手两次或一次接球,让二传手调攻或一次传给主攻进攻。

(8) 发两人之间的"中间地带"或发网前球、身后球。

(9) 破坏性发球。① 发弧度平、速度快、直奔对方腰部和头部的追身球;② 发长短结合、平高结合、远近结合、快慢结合的突然变化球(图 3-6)。

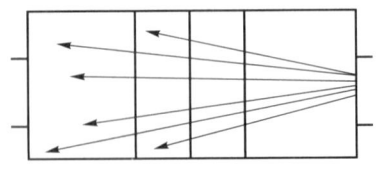

图 3-6　破坏性发球

3. 发球的练习方法

(1) 一人一球,做各种发球练习。

(2) 对墙发球,将球击向画有编号区域的墙上。

（3）将球发向对方场内带有编号的区域。

（4）对方场区站有一人或两人，发球队员用上述发球方式快速调整发球线路、方向及落点，争取不被对方接球队员接起。

为了提高发球的准确性、熟练性，建议学会 1~2 种发球方式，减少发球失误。

三、接一传

一传是由守转攻的重要手段，是组织进攻的开始，是组织战术的必要条件，是得分的重要环节。

一传的好坏关系到战术的质量和效果。因此，一传不仅要使球不落到地上，而且应该做到既稳又准，要有战术意识地把球传给既定目标，以便组织第一次进攻。

（一）传球的区域分工

（1）把场地分成两个区域，每个人负责一个区域（图 3-7）。

（2）两个人应协调配合，优点、弱项互补。

图 3-7　传球的两个区域

（二）起动和移动

起动是移动的开始动作和发力动作，移动是起动的继续。根据来球的方向、弧度、速度和落点，及时地做向前、后、左、右的起动移动，使身体快速接近来球，并处于合适的位置，然后做出相应的击球动作。

1. 移动的方法

移动的方法有滑步、仰踢、跨跳、后退和跑动步。

2. 一传的踢法

一传的踢法有脚弓踢、脚弓推踢、脚弓端踢、正脚背踢、脚外侧踢、凌空踢、后交叉踢（背后侧踢）和脚背上提拉踢。

3. 一传的触球方法

一传的触球方法有膝腿触球法、胸与腹触球法和头触球法。

4. 一传训练中的注意事项

（1）加强准备姿势、起动和移动的专项练习。

（2）发球和一传是毽球运动中两个互相联系的对立面。发球技术的提高，往往是在一传的前边,并带动一传技术的提高;一传水平提高后,反过来会促进发球技术的提高。在训练中,应使两者紧密结合,不断提高发球和一传技术。

(3)一传不仅是组织第一次进攻的必要条件,也是比赛中容易引起阵脚混乱的根源,是尤其应加强训练的技术。

(4)一传训练应大量采用一发一接、一发两接等密度大、次数多的多球练习方法。一传要强调带有明确的目的性和高度的战术性。一传不但要练步法和脚法,更要使训练结合实战的需要。

(5)一传技术训练应注意个体的特殊性,不能一律对待。

(6)接一传最好一次击球,给二传创造调整传球的机会。

四、二传组织

二传的任务是对一传进行调整,以便组织不同的、适应当时情况的进攻战术。二传在比赛中起着桥梁和核心的作用。

双人赛的二传不仅要把球既稳又准地调整起来,让主攻进攻,而且要根据场上的具体情况灵活巧妙地运用各种攻击动作,打击对手从而得分。因此,二传既是桥梁又是副攻手。

(一)二传的技术要领

1. 起动和移动

二传动作多数在移动中进行。因此,二传手应对一传出球的方向、弧度、速度和落点做出准确判断,迅速及时起动和移动。

2. 取位

在起动和移动过程中,应边判断来球,边取好位置,力争使身体移动及时选点。如果一传一次击球,二传可进行两次调整,稳妥地把球传出。如果一传两次击球,二传必须选好位置,一次击球将球传到主攻手扣球位置。

3. 传球的脚型和击球动作

(1)脚内侧传球。脚内侧传球分向上方传球和向前上方传球两种。身体向前微屈,大腿带动小腿,脚内侧端平与地平行,向上方或前上方端送传球。

(2)正脚背传球。大腿带动小腿,踝关节绷直,抬送传球。

(3)脚外侧传球。球的落点如在二传手的侧后方,则用脚外侧将球过顶传至网前上方。此动作一般在应急时用。

以上传球时应注意,传球前踝关节和下肢应自然放松,以便能灵活地掌握球。传球时,踝关节和腿应紧张用力,利用脚和腿的弹击力,加上蹬腿送髋的协调力,将球传出。

4. 视野

二传是为同伴创造进攻机会。它不仅要求传球传得稳和准,而且要利用一次调整机会使视野开阔,做相应的假动作吸引对方的注意力,从而选择自己的进攻点或传给主攻的进攻点。其顺序为起动后移动,边取位边观察,然后传球。

(二)二传的训练

二传运动员应作风顽强、头脑清醒,具有较强的能力。

(1)要加强二传运动员的基本功训练,必须对二传运动员的脚步移动、传球脚法和视野进行严格、系统和专门的训练。

(2)加强对二传运动员的战术意识训练。二传运动员应善于观察全局,了解与掌握本方主攻手的特点,合理选择主攻手的攻击点,学会变换战术及具备组织关键球的能力。

(3)在移动中训练二传,要求队员在移动中传各种不到位的困难球,密切结合实战需要。

(4)加强两个人的调整二传训练,从而提高组织反攻的质量。

(5)强化二传的高难动作训练,重点强化攻传技术。

五、进攻动作

进攻是得分最重要的手段,也是完成战术配合的最后一击。成功的进攻动作必须有良好的一传和二传的密切配合。扣球的成败决定着这一战术配合的质量和效果。进攻动作的威力体现在速度、力量、高度、变化和目的性等诸多方面。

(一)进攻动作的分类

1. 倒勾动作

(1)近网倒勾。球的飞行路线在网前较近的位置上。攻球手背对网,两脚平行站立,原地或上步起跳,用倒勾动作将球攻入对方场区。

(2)远网倒勾。进攻队员在限制区以外,采用原地或上步倒勾动作将球击入对方场区。

倒勾动作在比赛中的应用

倒勾进攻是主要的得分手段,使用时应注意掌握击球力量的大小变化,通过观察对方防守站位来确定进攻动作和攻球落点,一般以强攻为主,拨、打、吊、抹相结合。

2. 脚踏动作

面向网站立，左脚向前迈出一步支撑身体或跳起腾空，右腿大腿带动小腿迅速上摆，看准球的飞行路线，展髋、展腹、伸腿、压扣踝关节；用脚掌前半部分击球过网。

脚踏球由左右变向球、吊球、推球、压球、抹球组成。

脚踏动作在比赛中的应用

脚踏动作适合于二传手掌握。由于对手是两人防守，如能抓住战机进行重踏、轻吊及变向进攻，则容易得分。脚踏动作的隐蔽性强，成功率极高。

（二）进攻战术

毽球双人赛战术是各项技术在比赛实践中的综合运用。制定战术时，首先要根据本方队员的具体情况，进行恰当的阵容组合，经过一段时间的训练实践检验后，才能大致确定出一套或几套进攻战术。

1. 一名主攻、一名二传阵容

此阵容是上场的两名队员中，一名是主攻手，另一名是二传手的配备组合。这种阵容适用于球队在初级阶段时的需要。其战术打法虽然变化不多，比较单一简单，但分工明确，稳而不乱，往往也能打出较高水平（图3-8）。

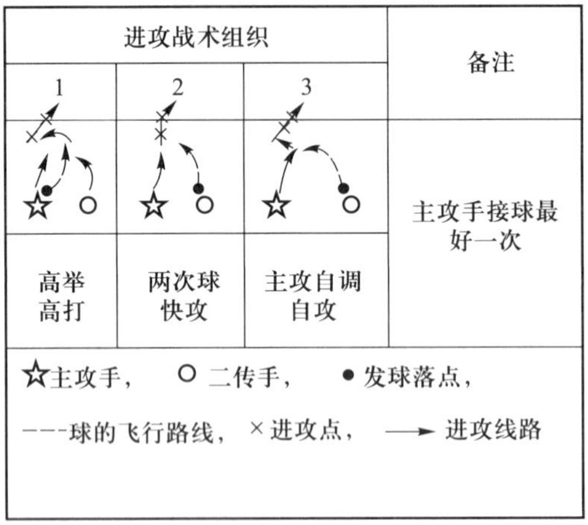

进攻战术组织			备注
1	2	3	
			主攻手接球最好一次
高举高打	两次球快攻	主攻自调自攻	
☆主攻手，　〇二传手，　●发球落点，			
---球的飞行路线，×进攻点，　→进攻线路			

图3-8　一名主攻手、一名二传阵容配备图

从图3-8进攻战术组织1中看出，主攻手接发球一次快速移动到进攻区域，二传手一次将球传给主攻手进攻。如果主攻手接发球两次，二传手只能将球处理过网。

从图 3-8 进攻战术组织 2 中看出，二传手接发球，主攻手快速移动到网前进攻区域，二传手可两次直传给主攻手进攻。

从图 3-8 进攻战术组织 3 中看出，二传接发球一次传到网前，主攻手可自调自攻。

不管是组织哪种进攻，接传球都是重中之重，若这个环节处理不好，进攻就无从谈起。

2. 一名主攻手、一名副攻手

上场的两名队员都是攻球手，同时又是二传手。该阵容对运动员的要求很高，除需具备扎实的基本功外，还要有较全面、质量较高的进攻技术。这个阵容在任何一个位置上接发球后，都可以随时组织进攻，战术组成率之高、进攻战术球变化之多以及适应能力之强是其他阵容所不具备的，也是世界上最先进的打法（图 3-9）。

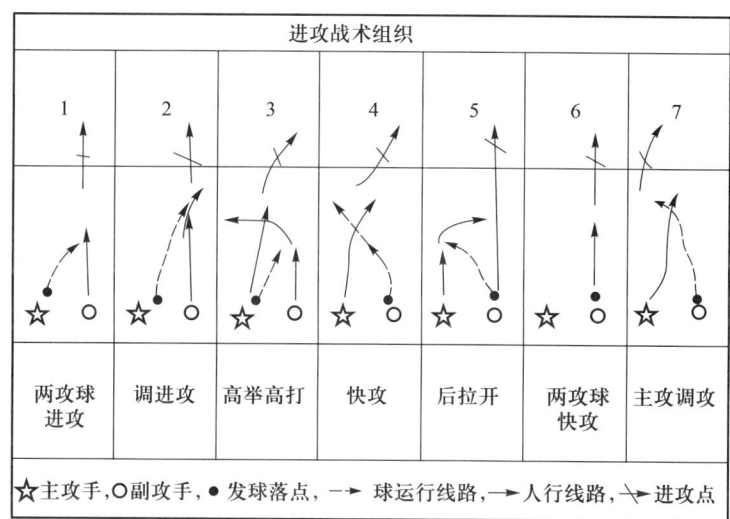

图 3-9 一名主攻手、一名副攻手阵容配备图

进攻战术组织 1：主攻手接发球传至网前，副攻手抢点进攻。

进攻战术组织 2：主攻手接发球一次传至网前，副攻手调整后进攻。

进攻战术组织 3：主攻手接发球一次至网前，副攻手传主攻手进攻。

进攻战术组织 4：副攻手接发球两次组织主攻手进攻。

进攻战术组织 5：副攻手接发球一次传给主攻手，主攻手反传给副攻手进攻。

进攻战术组织 6：副攻手接发球后进攻。

进攻战术组织 7：副攻手接发球一次，将球传至网前，主攻手调整进攻。

（三）进攻战术的训练

（1）组合训练，进行徒手的战术配合跑位。

（2）教练半场隔网抛球，组织战术进攻练习。

（3）分解战术，定位、定向、定性进攻练习。

（4）结合发球进行组织战术进攻练习。

（5）用板做假人进行模拟单、双人拦网的进攻练习。

（6）结合防守对抗组织战术进攻练习。

六、防守战术

防守战术是根据对方进攻战术的不同特点，结合本方的实际情况，制定出一套或几套有利于防守反攻的基本防守战术阵型，以适应防守不同进攻战术的需要。

（一）弧形防守

弧形防守，就是两名队员在中场成"弧形"站位防守。这种阵型往往在对方攻击力量不大或中后场进攻的情况下采用（图3-10）。

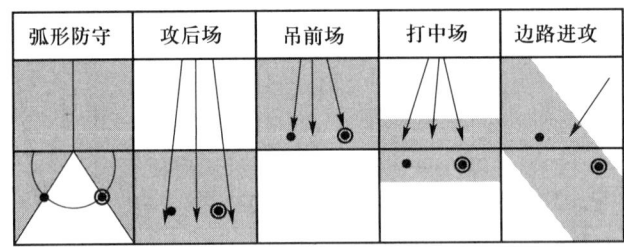

图3-10 弧形防守

从图3-10中可以看出，无论对方攻击点、位置及区域有何变化，两名队员均能在准确判断下及时移动，组成相应的、有针对性的"区域联防"，而弧口始终面向击球点。这种防守的特点是分区把守、视野开阔、分工明确、便于反击，防守一般质量的进攻，效果很好。

（二）一拦一防

一拦一防，就是在两名防守队员中，一名队员在网前拦网，另一名队员在其身后分区防守（图3-11）。

从图3-11可以看出，"一拦一防"这种"封线分防"阵型可以网上拦网封线路，网下中场前场防落点，拦防结合，利于反击。只要拦网能较准确地判断出主攻手的进攻意图，拦住其过网线路，便可占据网上优势。即使未拦到球，另一名防守队员准确判断，及时移位，利用拦网、胸堵、区域防守等方式，也能防起对手的强攻、轻吊、轻打后场等较高质量的攻球。

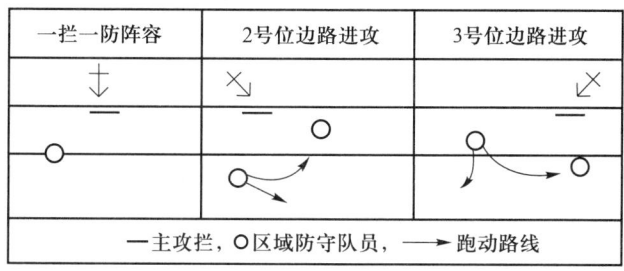

图 3-11　一拦一防防守战术图

（三）弧形防守、一拦一防、双人拦网结合的综合阵型防守

两名队员根据对方进攻的点（网上、网前、开网）来选择用哪种方式防守，从而成功将进攻球防起进行反击（图 3-12）。

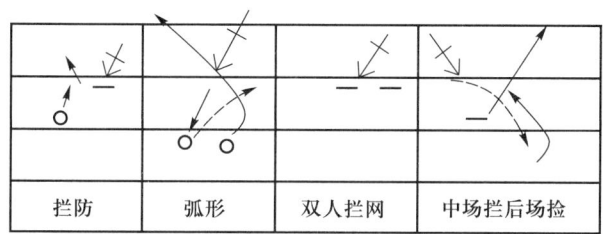

图 3-12　综合阵型防守

从图 3-12 可以看出，对于强攻，可采用一拦一防；对于开网进攻，可采用弧形防守；当对手强攻、己方一拦一防不起作用时，还可采用双人拦网战术；如果对手中场强攻，还可采用网前退后一步的一人拦网一人后边区域防守战术。这种根据场上情况制定的防守方法是最佳的防守方法。

（四）防守的训练

（1）加强灵敏反应训练，掌握多种防守技术，扩大防守范围，提高脚步起动和移动的灵活性。

（2）在训练中应加快起动速度，保持脚步灵活，防止站着等球。教练员拍击训练应轻重并用、远近结合、打吊兼施，以便提高运动员的灵活性和适应能力。

（3）学会判断来球。由于扣球后的球速比人移动速度快，只有准确地判断来球，及时移动，选择好位置，卡准球的线路，才能提高防守质量，避免盲目乱冲或死守位置。

（4）培养勇敢顽强的作风。在训练中要善于结合实战出难题，制造一些困难、复杂的条件，使运动员敢担风险，敢抢救险球，培养运动员吃苦耐劳的精神。

（5）不要孤立地防守。防守是为组织反攻服务的，要有机地与调整二传和反攻的各个环节密切配合，既明确防守的目的，又结合实战的需要，连贯各项技术，培养运动员的技术运用能力和战术意识。

第四节　三人赛打法

一、进攻战术组织形式

毽球比赛从发球开始，双方就无时无刻不在巧妙地运用和变换进攻战术，有力地攻击对方，争取比赛的主动权，这使得比赛情况千变万化。无论何种变化，进攻和防守都有各自完整有序的系统，有一定的规律可循。从来球情况看，不外乎以下4种情况，即发过来的球、攻过来的球、封过来的球和处理过来的球。相应的，接起和防起这些来球，并组织进攻战术有4种形式，即二传组织进攻形式、一次传组织进攻形式、自传自攻形式和抢攻形式。合理运用这4种组织形式，可以组成丰富多彩的战术变化。

（一）二传组织进攻形式

二传组织进攻形式是指接起或防起到位后，由二传队员把球传给进攻队员进攻的组织形式。该进攻形式必须经三人次击球，并由一名主要二传队员担任传球，具有节奏较慢、分工明确、便于组织、指挥集中、战术灵活的特点。该战术形式能较好地组织各种脚背攻球、脚掌攻球、头攻球战术的基础配合和整体配合，并能充分发挥主攻队员的作用，所以被不同训练水平的队广泛使用，成为毽球进攻战术的基本组织形式。

该进攻形式要求二传队员不但要具备二次击球传球的能力，还应具备一次击球传球的能力，不但要适应不同方向、弧度、落点的接起和防起，还应根据战术的需要传出不同标准的球，以满足进攻战术的要求。二传队员第一次击球应注意控制好弧度和节奏，确保进攻队员移动到位，并调整好自己与进攻队员之间的距离和角度，保证传球的准确性和弧度的控制；如果对方来球速度较快、难度较大，无法一次起球到位，则可采用两次起球到位，但这种方法对球的弧度和落点要求会更高一些。随着训练水平的提高，二传队员应成为一名出色的助攻队员，如果能与一次传进攻和自传自攻组织形式结合起来使用，不但能增加攻击点，吸引封网队员的注意力，而且能大大增加对方封网和后排防守的难度。下面介绍具体的配合方法。

1. ②号主攻队员倒勾配合

①号队员一次接起到位，②号队员移动到网前倒勾，③号队员担任二传把球传给②号队员进攻，①号队员起球后，移动到限制区内保护（图3-13）。

2. 倒勾与正面踏球进攻的整体配合

①号队员一次接起到位，②号队员迅速移动到网前准备倒勾，①号队员起球后向2号位移动，准备打拉开踏球进攻，③号队员根据战术需要进行集中的

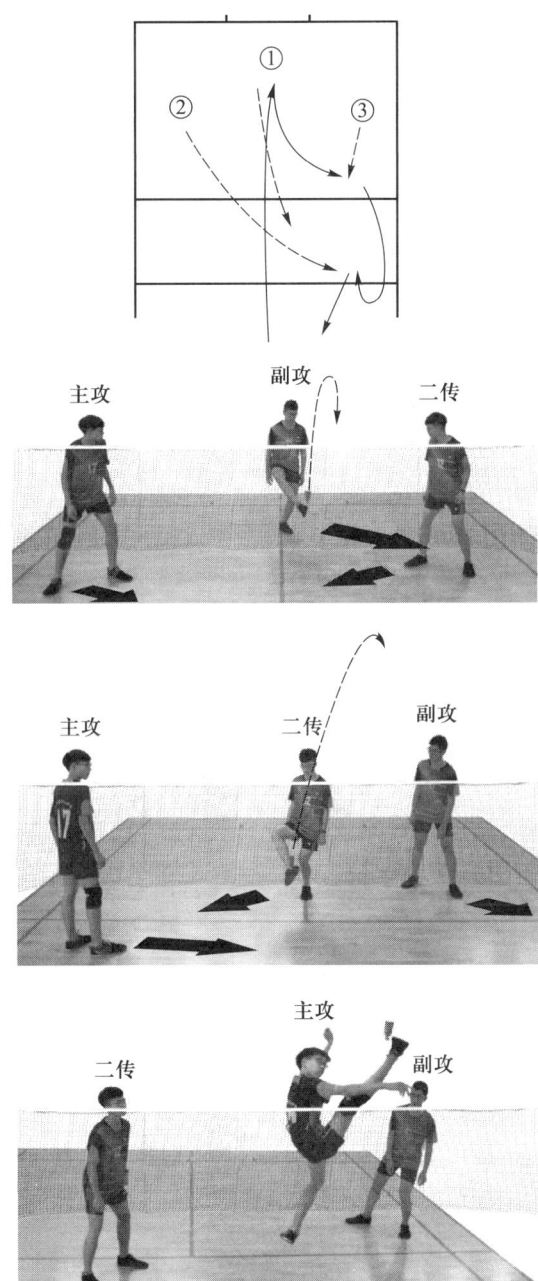

图 3-13　②号主攻队员倒勾配合

第四节
三人赛打法

倒勾球或拉开球进攻（图3-14）。

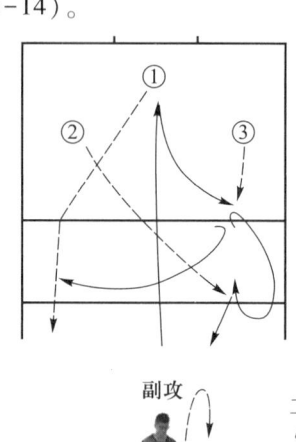

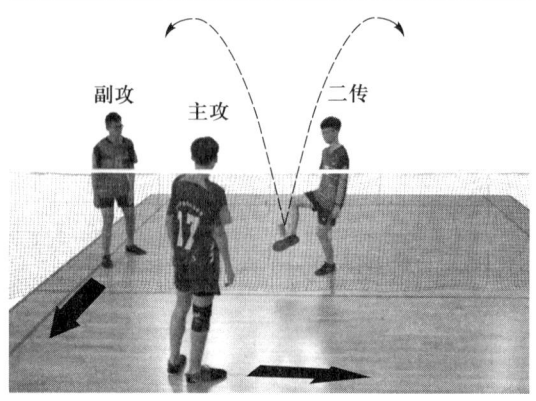

图3-14 倒勾与正面踏球进攻的整体配合

二传组织进攻形式在比赛中的应用

（1）当一个队只有一名较好的二传队员时，为保证组织进攻的成功率，常采用此进攻形式。

（2）当一个队只有一名较好的攻球队员时，为放慢节奏让主攻队员准备更加充分，常采用此进攻形式。

（3）根据比赛需要，应以求稳为主，保证进攻配合质量。

（二）一次传组织进攻形式

一次传组织进攻形式是指某一起球队员充分利用两次击球的机会，第一次起球自我调整后，再把球直接传给进攻队员进攻的组织形式。该战术形式只需要两人次三次击球过网，减少了二传环节，缩短了组织进攻的时间，具有迅速、隐蔽、节奏快的特点，是突然进攻和快速反击的有效武器。这种战术形式通常在以下情况下使用：当对方的来球落在中、前场时；担任二传的队员起球时；二传队员突然助攻时；对方由攻转守来不及站位打快速反击时；对方来球平稳，一次传有把握时。

为了突出该战术形式的突然性，要求进攻队员要有充分的思想准备，肯定自己没有起球任务后应迅速移动、取位正确，封网队员要及时转身、站好位置、准备进攻，一次传队员应通过第一次和第二次击球的弧度和落点来调整节奏，主动与进攻队员配合。如进攻队员的位置还没完全站好，传球的弧度可以高一些；如果进攻队员准备充分，可以传出小弧度和平快球，加快进攻节奏。整个配合要求稳妥准确、快而不乱、随机应变、恰到好处。

下面介绍几种配合方法：

1. 二传队员突然进攻

当对方发球到2号位中前场且难度不大时，②号队员运用二次击球，突然一次将球传给3号位的二传队员③号，二传队员③号正面脚掌踏球把球攻入对方场区（图3-15）。

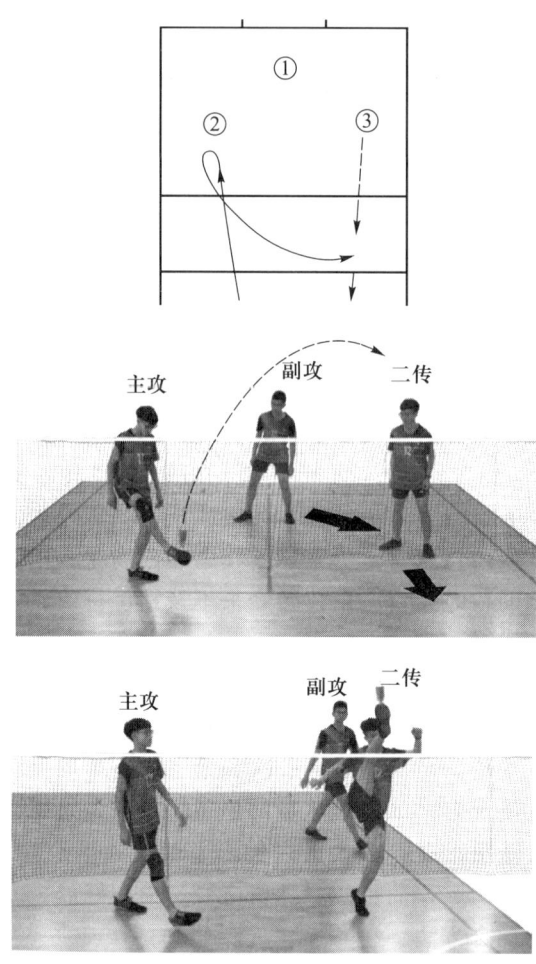

图 3-15 二传队员突然进攻

2. 二传队员直接一次传组织进攻

当对方发球到 3 号位中前场且难度不大时，3 号位的二传队员运用二次击球机会直接组织进攻，②号队员判断自己没有起球任务后，应及时移动到网前倒勾进攻，①号队员迅速移动到限制区内保护（图 3-16）。

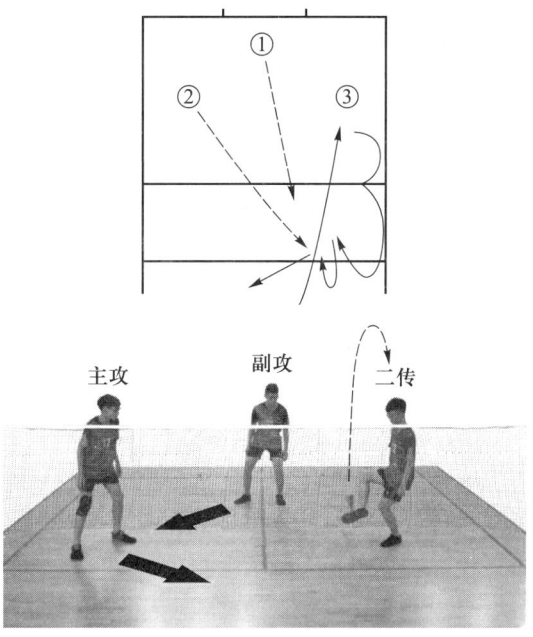

图 3-16 二传队员直接一次传组织进攻

（三）自传自攻组织形式

自传自攻组织形式是指接起和防起到位后，进攻队员合理运用二次击球机会，自己把球传到所需位置，自己把球攻入对方场区的组织形式。该战术形式只需二人次四次或二人次三次击球过网，减少了他人传球环节，这一方面缩短了传球和攻球的衔接时间，加快了进攻节奏，另一方面自传自攻，传攻一体，不但便于组织，而且隐蔽性较强。

自传自攻组织形式一般多在下列情况中运用：二传队员突然自传自攻；传球不到位，倒勾队员自传自攻；防守中前场球自传自攻；对方起球失误、球过网、吊球或处理球过网落在网前，攻球队员自攻自传。需注意的是，自传自攻队员必须连续完成两个动作，自传质量的好坏直接影响自攻的效果，所以要求队员技术全面，另外应注意动作的隐蔽性，有传有攻，虚实结合，才能达到更好的效果。下面介绍自传自攻的方法。

1. 二传队员自传自攻

②号队员接起给③号二传队员，二传队员自传网前高球，突然上步抬腿正面脚掌踏球，把球攻入对方场区（图3-17）。

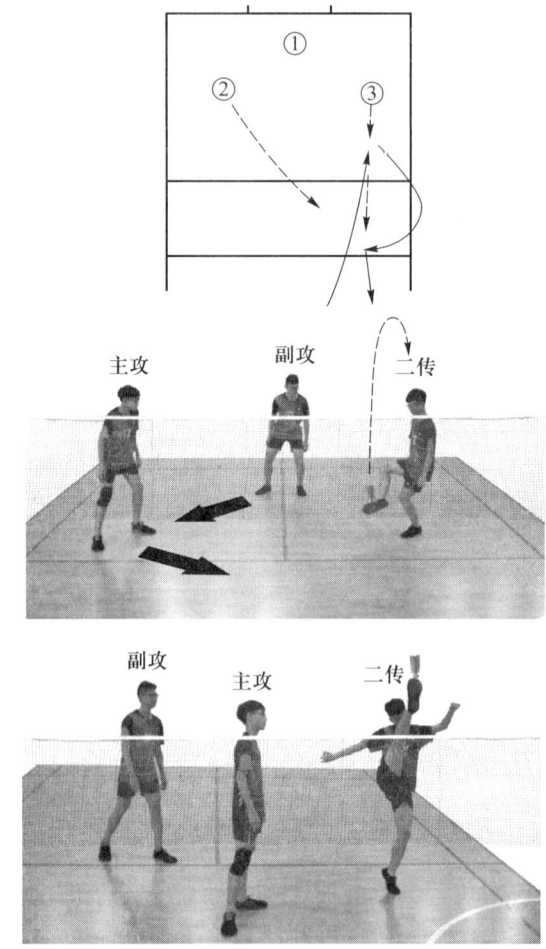

图3-17　二传队员自传自攻

2. 倒勾队员自传调整后自攻

③号队员一次传组织因传球离网太远，上网准备倒勾的②号队员可做一倒勾假动作干扰对方，然后自传自攻（图3-18）。

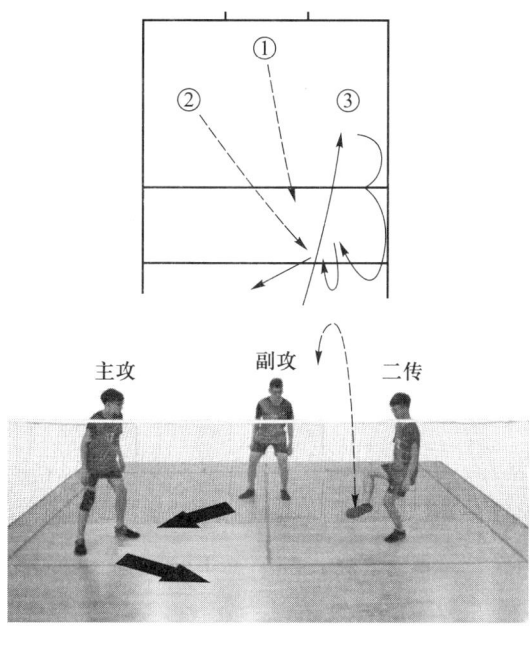

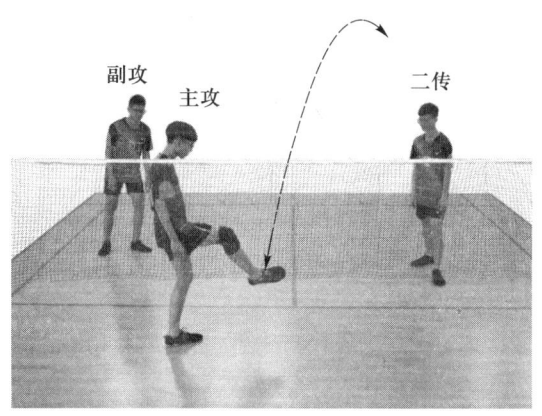

图 3-18 倒勾队员自传调整后自攻

第四节　三人赛打法

（四）抢攻组织形式

抢攻组织形式是指当对方传起、防起或接起用力过大，球直接飞过球网时，网前运动员直接抢攻，把球反击回对方场区的进攻组织形式（图3-19）。这种组织形式要求队员判断准确、移动及时、反击迅速果断。在比赛中，抢攻的机会常常出现，各队应把它作为快速反击训练的重要组成部分。

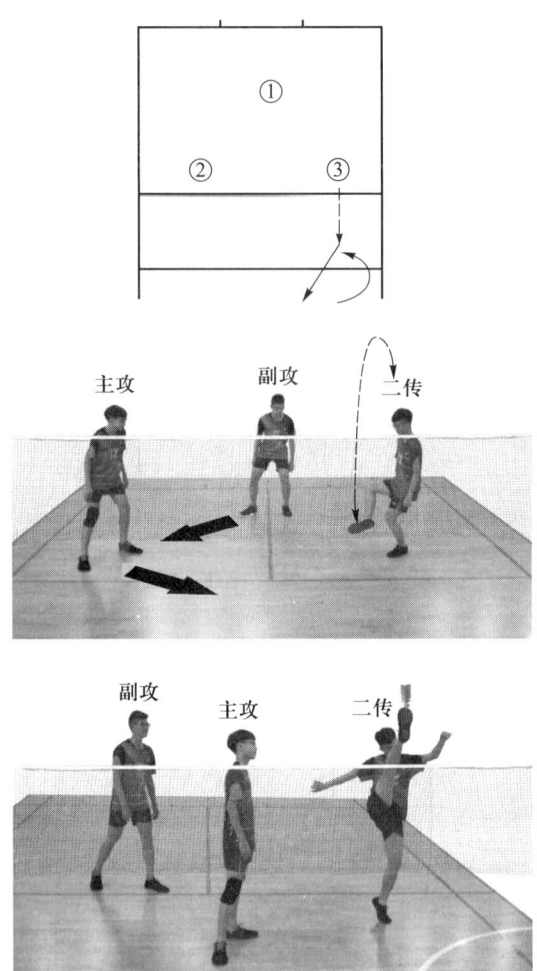

图 3-19 抢攻组织形式

任何一种进攻战术组织形式都不可能解决比赛中出现的全部问题。各队应根据自己的特点和训练水平，以一种进攻形式为主（一般以二传组织进攻形式为主），尽量综合其他多种形式，穿插起来，灵活运用，以适应比赛中瞬息万变的复杂情况。

二、进攻战术的基础配合

进攻战术的基础配合是指在组织战术的过程中只考虑一个点进攻的简单配合，是整体配合的基础。比赛中，基础配合与整体配合往往交替使用，随着训练水平的提高，整体配合所占的比重越来越大。毽球有多种进攻方式和不同的进攻战术组织形式，也就派生出多种进攻战术的基础配合。各队应结合本队的实际情况，认真筛选，精心设计，灵活运用，逐渐形成自己的进攻风格和特长。

（一）脚背倒勾的基础配合

脚背倒勾有外摆倒勾、里合倒勾和凌空倒勾等进攻手段。它们进攻时的共同特点是身体背向或侧向球网站位，因此，它们在配合方法和要求方面都非常相似。但必须明确指出的是，这几种不同的进攻手段，必须进行专门的战术配合训练。例如，外摆倒勾要拉开传球，球的落点要在身体右侧；里合倒勾和凌空倒勾则要求传球的落点在身体的左侧。

1. 配合方法介绍

（1）②号队员外摆倒勾配合。当①号队员起球到位后，③号二传队员把球传给移动到网前的②号队员，②号队员外摆倒勾进攻（图3-20）。

（2）①号队员外摆倒勾配合。当对方发球给②号队员时，②号队员一次起球到位，③号二传队员传球给迅速移动到网前的①号进攻队员，①号队员外摆倒勾进攻（图3-21）。

（3）封网队员里合倒勾配合。在防反中，当③号队员二次击球防起，落点又在②号队员体前时，担任辅助二传任务的②号队员迅速把球传给完成封网落地后转身准备倒勾的队员里合倒勾进攻（图3-22）。

（4）③号队员一次传外摆倒勾配合。当对方把球吊给③号队员，如果第一次击球调整较好时，封网队员可以迅速转身移到外摆倒勾最佳位置打一次传倒勾进攻，①号队员移动到网前保护（图3-23）。

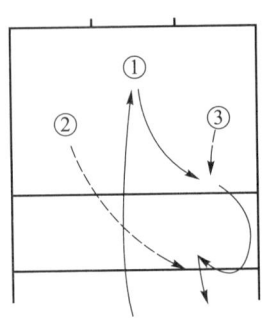

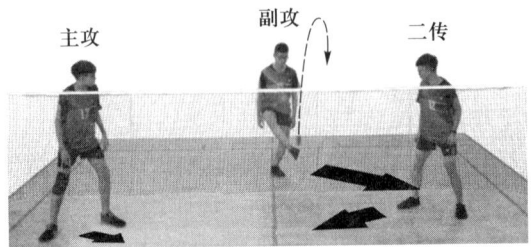

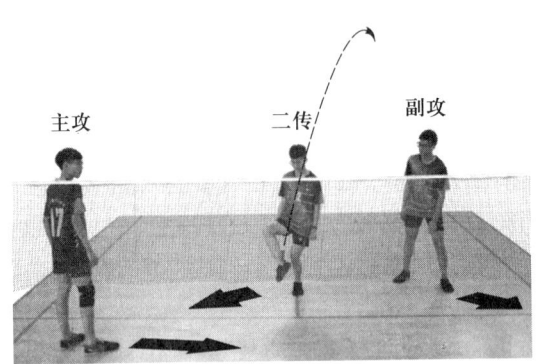

图3-20 ②号队员外摆倒勾配合

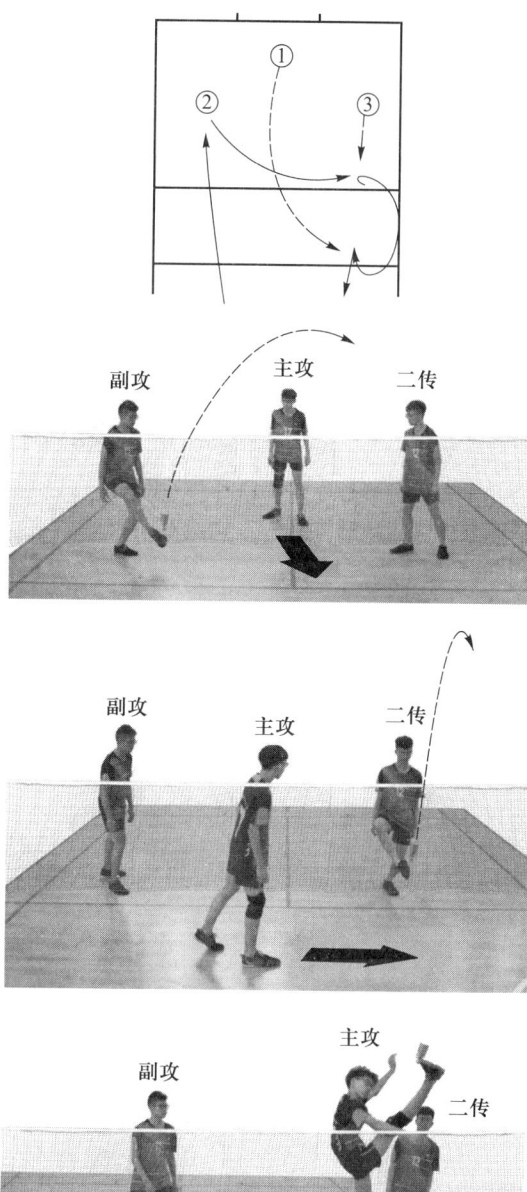

图 3-21　①号队员外摆倒勾配合

第四节
三人赛打法

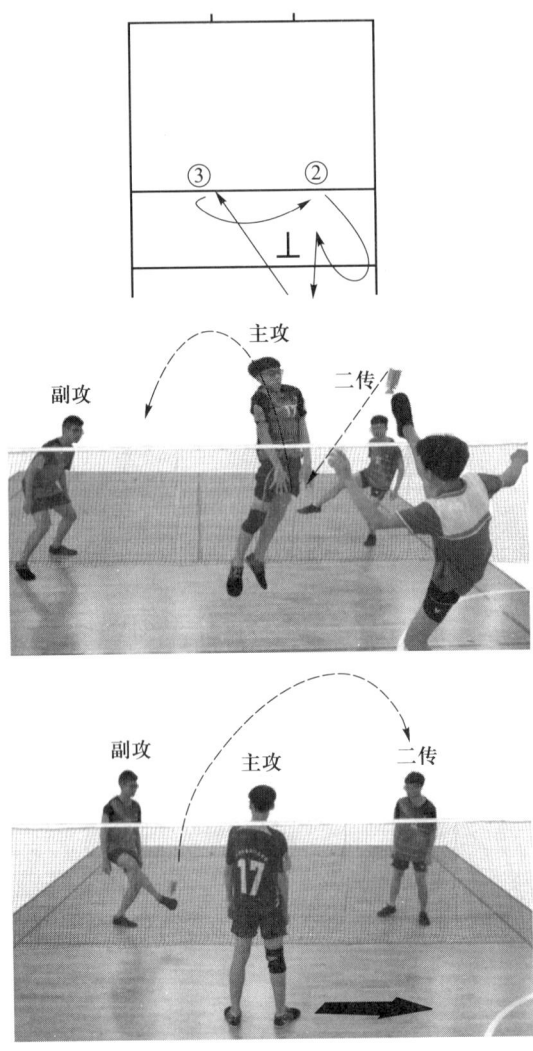

图 3-22 封网队员里合倒勾配合

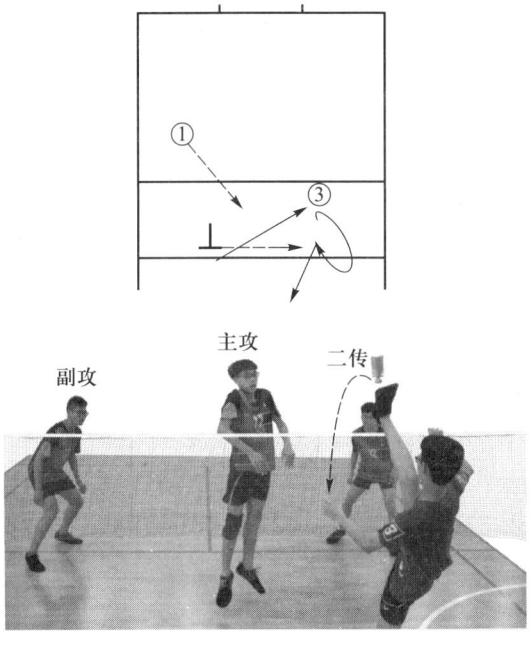

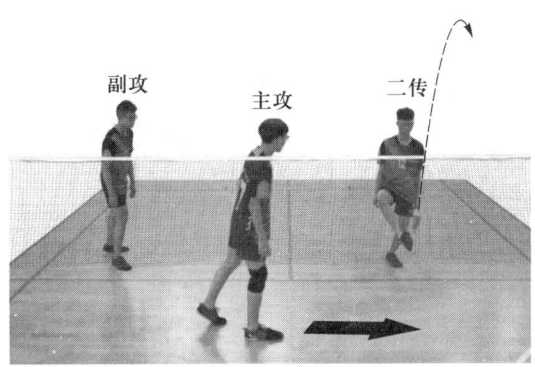

图 3-23　③号队员一次传外摆倒勾配合

第四节
三人赛打法

（5）②号队员一次传外摆倒勾配合。当对方把球发给或推攻给③号队员时，②号队员迅速移动到网前打一次传倒勾进攻，①号队员移动到网前保护（图3-24）。

（6）②号队员自传倒勾配合。当对方来球落在③号队员附近时，②号队员迅速移动到网前外摆倒勾的位置，如③号队员传球不到位或战术需要，②号队员可自传进攻，改变进攻的节奏（图3-25）。

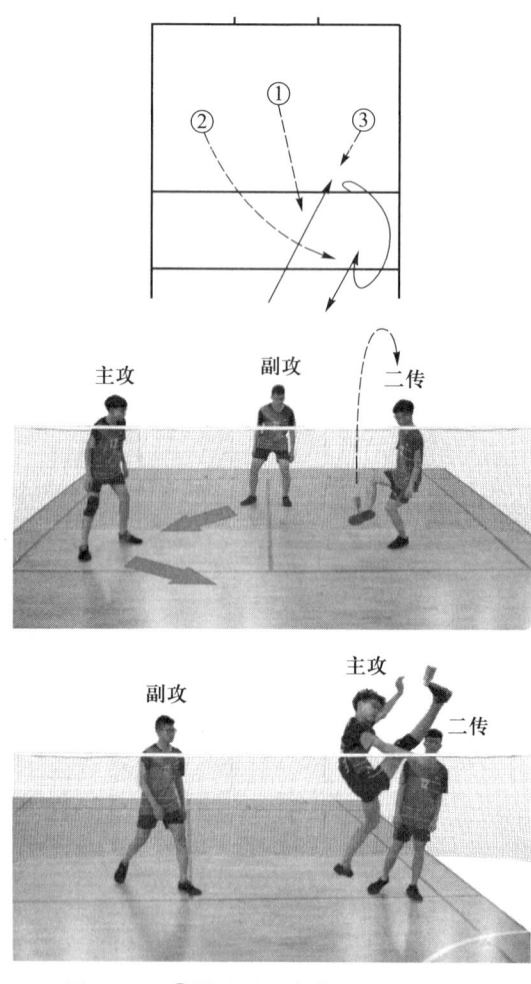

图3-24 ②号队员一次传外摆倒勾配合

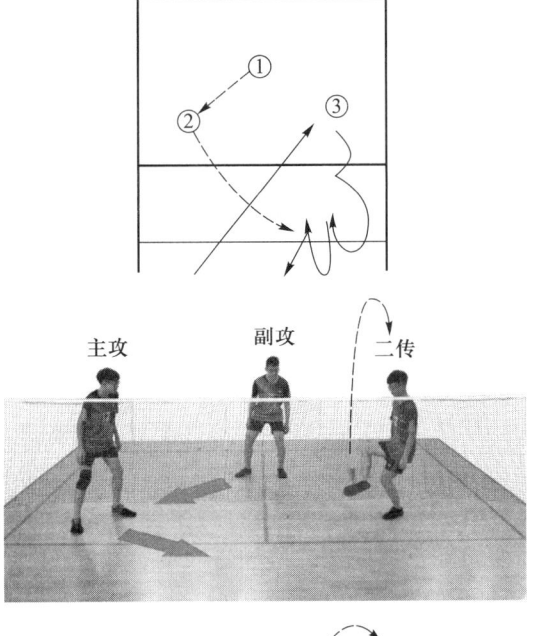
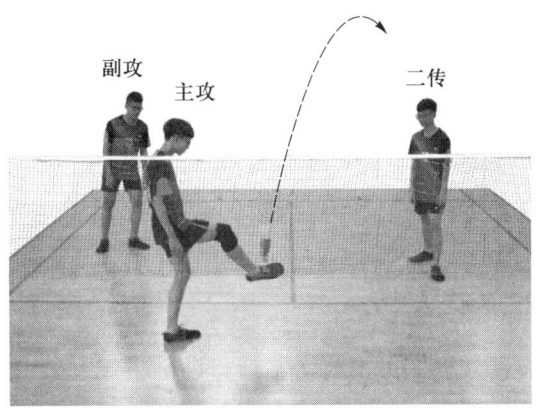
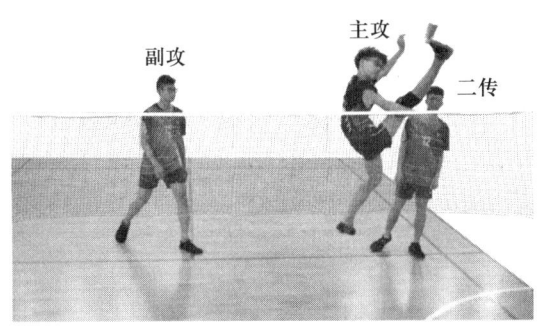

图 3-25　②号队员自传倒勾配合

2. 配合要求

（1）二传组织倒勾配合的要求。二传组织倒勾的节奏较慢，应以求稳为主，保证配合质量。起球应力争一次击球到位，如当起球难度较大或二传准备不充分时，应采用二次击球。当起球的落点离网太远或太近时，二传第一次击球应把球调整到限制区内，并与进攻队员保持适当的距离和角度，这有利于传球的准确性和弧度的控制。传球的高度可根据倒勾队员特点，传出高点强攻和小弧度快节奏球，在防守反击中一般不宜传球太高，以便加快进攻的速度。

（2）一次传组织倒勾配合的要求。一次传组织倒勾配合节奏快、突然性强，要求进攻队员有充分的思想准备，肯定自己没有起球任务后，迅速移动到网前打快速进攻。封堵队员应及时转身，站好位置，准备进攻。一次传队员应通过第一次和第二次击球的弧度和落点调整节奏，主动与进攻队员配合。如果进攻队员的位置还没有完全站好，传球的高度可高些；如果进攻队员准备充分，则可以传出平快球和小弧度球，增加进攻的突然性。

（3）自传倒勾配合的要求。自传倒勾配合多为二人次四次击球过网。自传自攻时，可根据本方起球的落点以及对方封堵和防守的具体情况，自传出不同方位、弧度和节奏的球，巧妙应用多种倒勾方式进攻。传攻配合一定要协调、隐蔽，只有这样才能把定点进攻变为活点进攻，有效地突破对方的封堵防线。另外，自传自攻往往作为一次传进攻配合失误时的补救措施。例如，当进攻队员移动不及时、球传得太低、离网太远时，可自传一次调整后再进攻。

（二）正面前踏的基础配合

正面前踏是一种面对球网的近网进攻手段。其特点主要体现在以下两方面：① 进攻队员容易观察对方的封堵和后排防守情况；② 封回的球一般落在进攻队员体前，便于自我保护起球。

为了突破对方的封堵，进攻队员可根据传球的具体情况，运用不同的技巧。例如，可运用原地正面前踏攻直线球，跳起前踏高点进攻，也可采用转体改变身体的方向攻斜线球以及屈膝前踏或蹬腿压踝的动作处理近网球等。

配合方法介绍：

（1）②号队员前踏二传配合。①号队员起球到位后，③号队员迅速移动到网前担任二传，并把球拉开传到②号队员体前上方，②号队员前踏进攻（图3-26）。

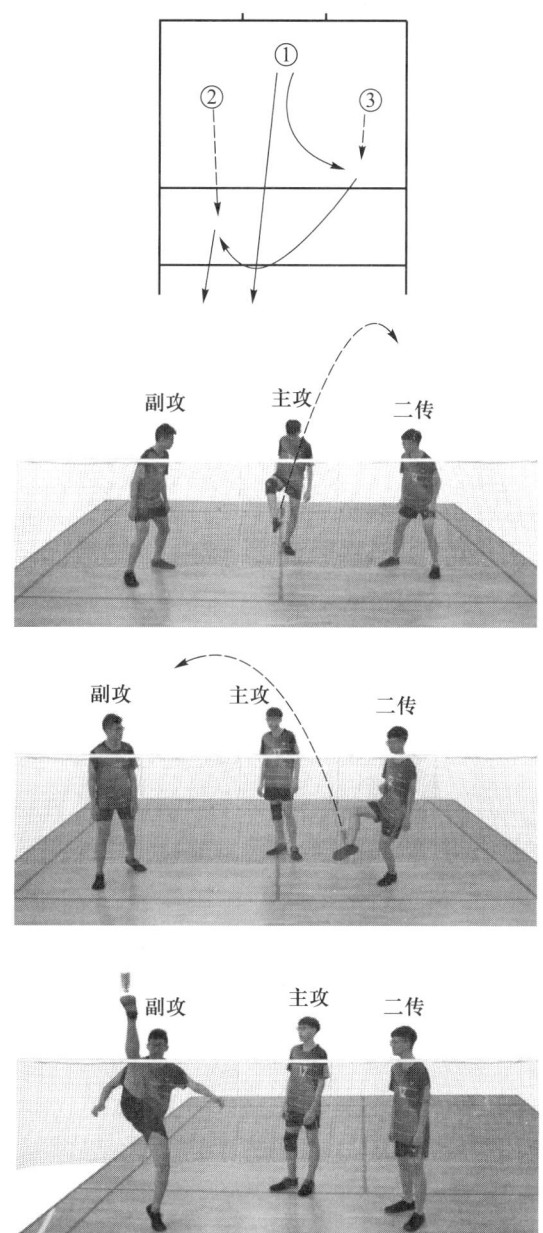

图 3-26 ②号队员前踏二传配合

（2）封网队员担任二传。当二传队员上网封堵时，后排防守队员把球防起到中间网前，担任封网队员的二传迅速转身后撤，并把球传给移动到网前的后排队员前踏进攻（图 3-27）。

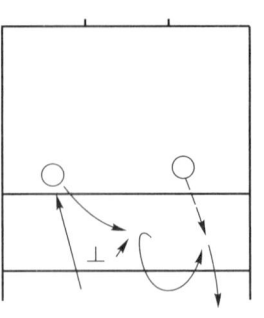

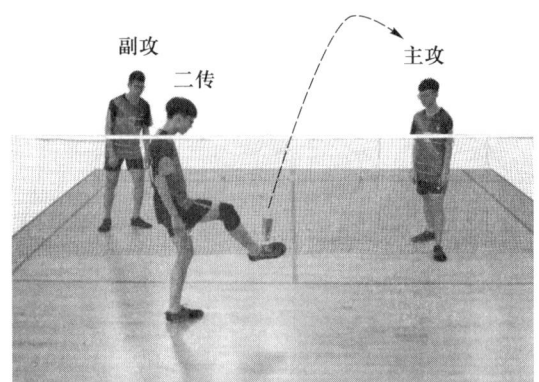

图 3-27　封网队员担任二传

（3）②号队员一次传组织进攻。当②号队员接球时，③号队员应快速移动到位，准备进攻，②号队员变起球为拉开球，担任二传的③号队员突然改变节奏脚掌前踏进攻（图3-28）。

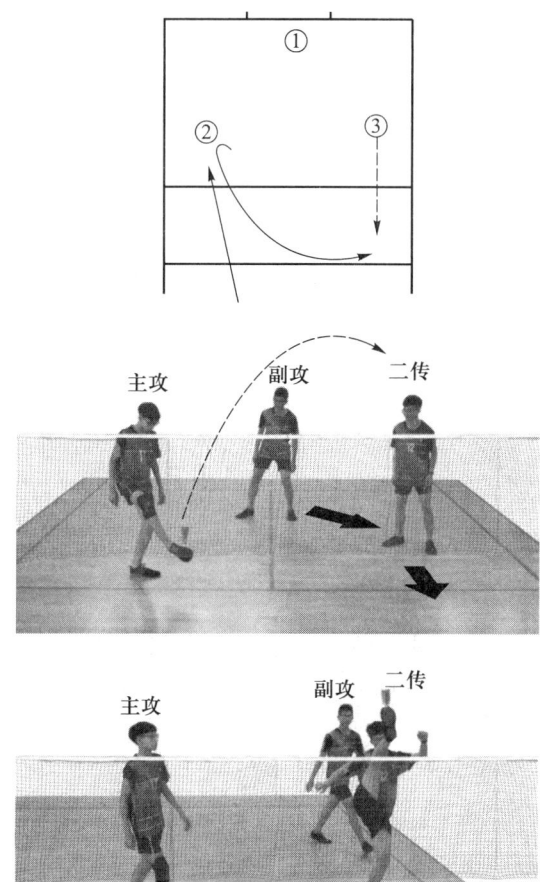

图3-28　②号队员一次传组织进攻

（4）封堵队员一次传组织进攻。当对方起球或吊球落在我方网前时，封网队员应及时转身防起来球，并一次传到位，后排防守队员快速助跑上前，脚掌踏球进攻（图3-29）。

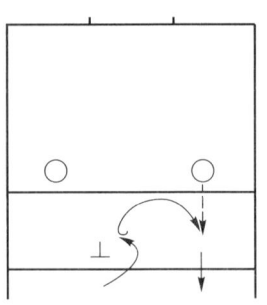

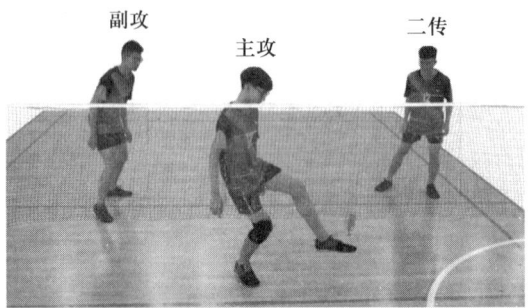

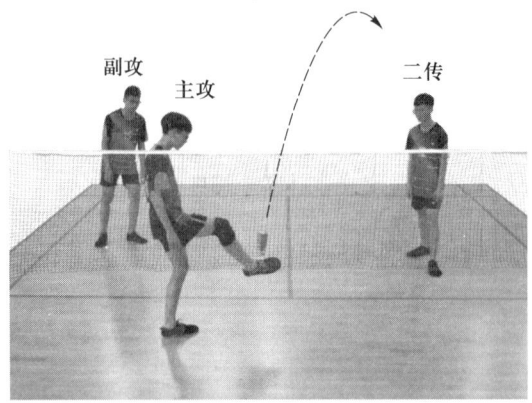

图 3-29　封堵队员一次传组织进攻

（5）③号二传队员自传前踏助攻。②号队员起球到位给③号队员，③号队员第一次传小弧度球，佯做二传第一次调整，而后突然自传正面前踏助攻（图3-30）。

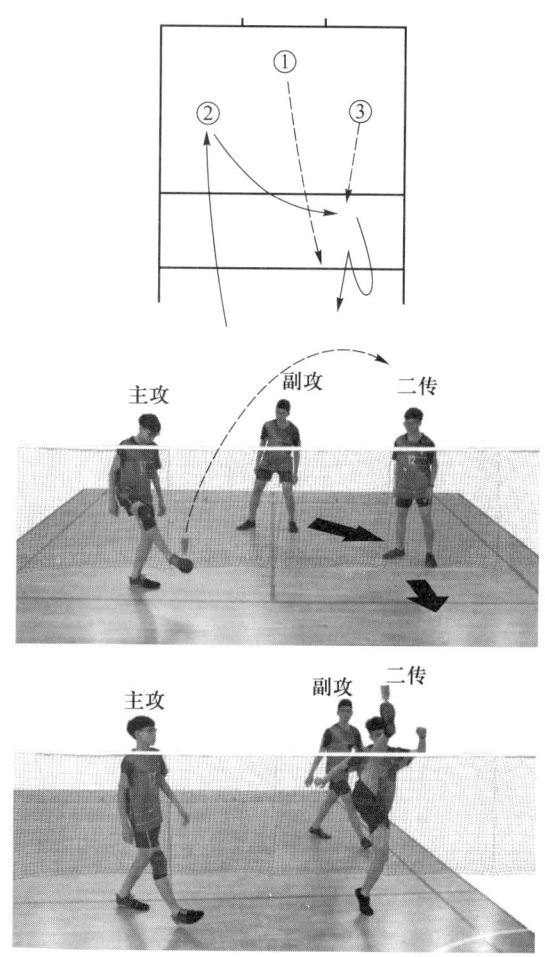

图3-30　③号二传队员自传前踏助攻

（6）自传前踏挡攻。当对方起球、传球或处理球控制不好，球过网弧度较高，离网较近又落在进攻队员体前的控制范围内时采用。前排的③号队员可采用自传一次调整节奏，趁对方立足未稳，快速前踏进攻（图3-31）。

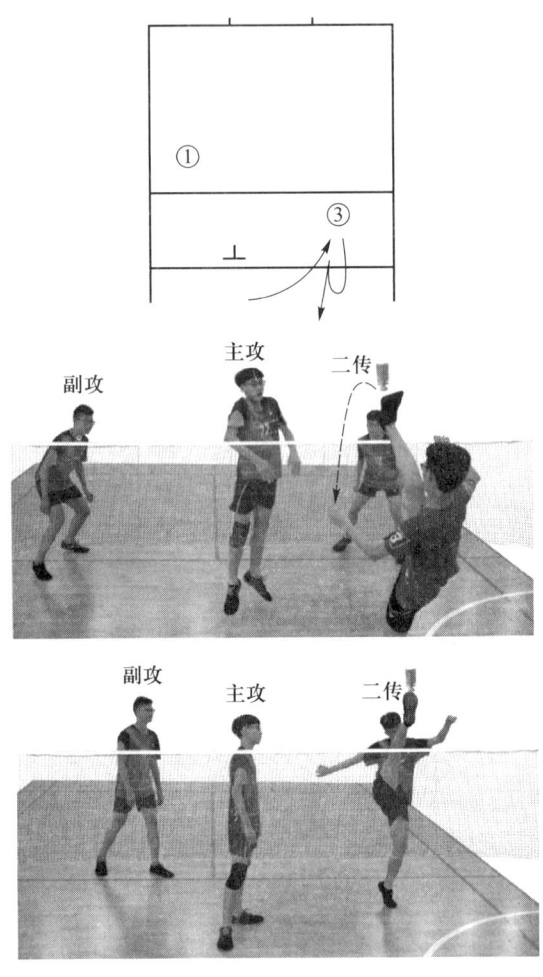

图 3-31　自传前踏挡攻

（三）头攻的基础配合

头攻是一种侧（正）面球网的远网进攻手段。其特点主要体现在以下两方面：① 简单易学；② 进攻点高，路线变化灵活。

1. 配合方法介绍

（1）①号队员侧面头攻二传配合。当①号队员（或②号队员）起球到位后，③号队员担任二传把球传起，①号队员斜线助跑侧面头攻把球攻入对方场区（图 3-32）。

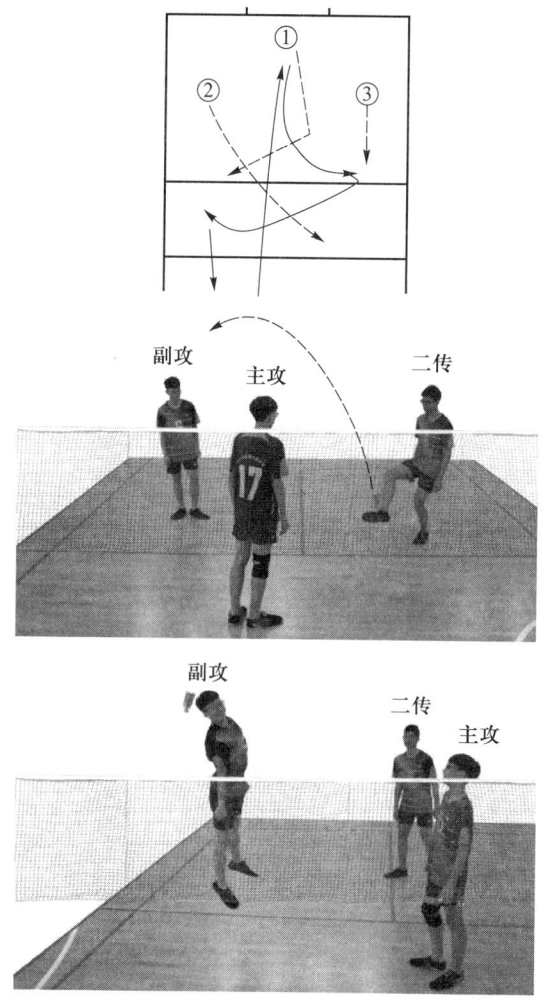

图 3-32 ①号队员侧面头攻二传配合

（2）①号队员正面头攻二传配合。当②号队员起球到位后，①号队员移动到正面头攻的最佳位置做好准备，③号二传队员把球传起，①号队员直线助跑正面头攻把球攻入对方场区（图3-33）。

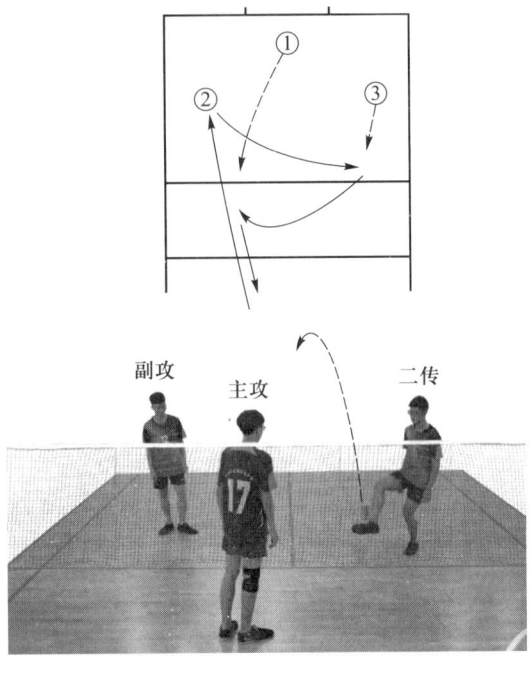

图 3-33　①号队员正面头攻二传配合

（3）③号队员侧面头攻一次传配合。当②号队员起球时，第一次击球应尽量把球调整到限制线附近，而后把球传起，站在3号位的③号头攻队员沿着限制线平行助跑侧面头攻把球攻入对方场区（图3-34）。

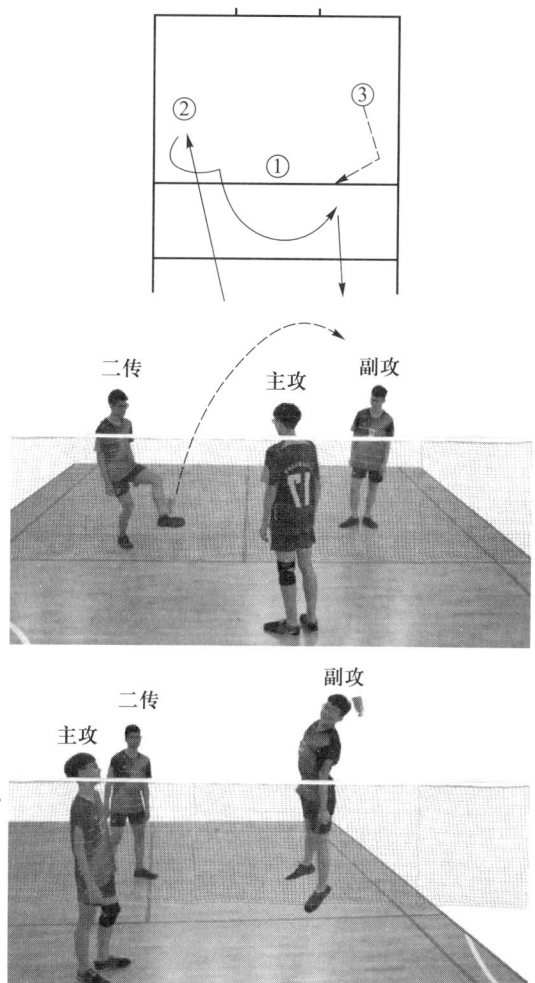

图 3-34 ③号队员侧面头攻一次传配合

2. 配合要求

起球应争取一次击球到位,弧度适中,球的落点靠右侧,离网 2~2.5 米,传球队员应充分利用网的全长组织进攻,使头攻队员的击球点保持在离网 1~1.2 米处为好。进攻队员应充分利用起球、传球间的有限时间,选择合适的助跑线路和助跑距离,使自己的助跑路线与传球的飞行路线保持适当的夹角,及时助跑、前冲、起跳,把球攻入对方场区。

三、进攻战术的整体配合

所谓进攻战术的整体配合是指全队在统一的战术思想指导下,把单一的基础配合进行优化设计,形成整体的多点进攻打法,从而增强全队的整体攻击力。

虽然整体配合有一定难度,但各队都在努力使自己的队向着全攻全守的方向发展,充分利用网的全长组织多点进攻,体现集体的智慧和力量。进攻战术基础配合的方法有很多,各队可根据本队的具体情况进行选择和组合,突出自己的特点,丰富本队的整体配合内容。

根据队员担任的主要任务、进攻方式、助跑线路、攻球点,可把进攻战术的整体配合分为三类,即勾踏配合、双倒勾配合和立体配合。

(一)勾踏配合

勾踏配合是指在倒勾牵制对方封网的情况下,其他队员采用脚掌前踏攻球的战术配合。勾踏配合有以下两种:

1. 拉开前踏配合

当对方把球发给②号队员时,②号队员一次起球给③号二传队员,①号队员移动到网前倒勾牵制对方封网队员,二传队员突然把球拉开给②号队员前踏攻球(图3-35)。该配合要求起球一次到位,二传第一次击球调整好人与球的关系,突然隐蔽地把球拉开传给前踏队员,前踏队员应移动到进攻的位置,随时准备形成两点进攻。

2. 二传前踏主攻配合

当对方把球发给①号队员时,①号队员一次起球给③号二传队员,②号队员移动到网前倒勾吸引对方封网队员的注意力,①号队员准备拉开前踏干扰对方。此时二传队员利用第一次击球的机会突然起球高出球网,朝网前上方自传,并助跑前踏攻球(图3-36)。要求二传队员自传稍近网并不宜过高,采用虚虚实实、真真假假的战术,在对方放松警惕时,突然助攻,形成多点进攻。

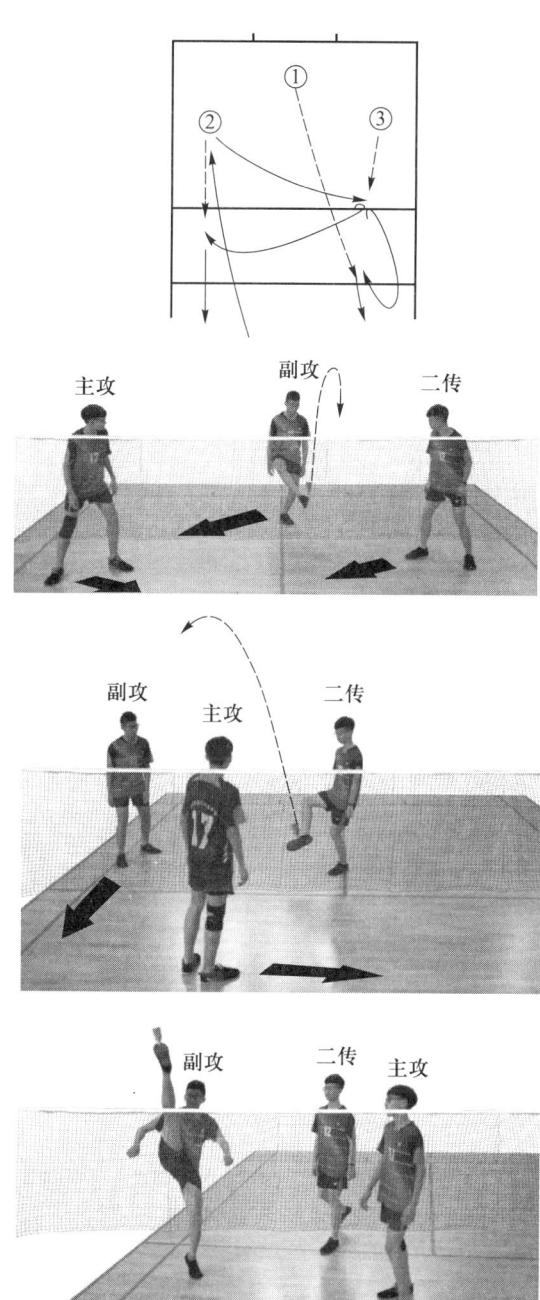

图 3-35 拉开前踏配合

第四节
三人赛打法

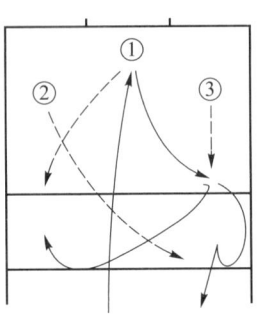

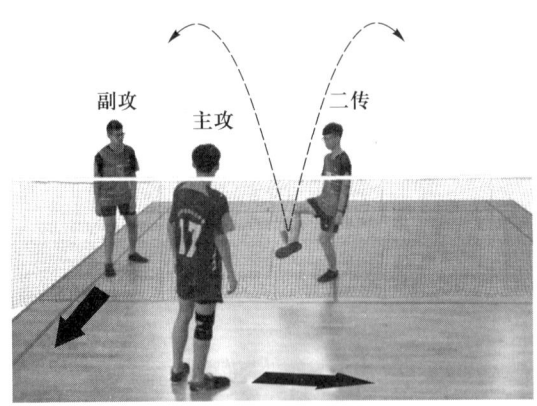

图 3-36 二传前踏主攻配合

（二）双倒勾配合

双倒勾配合是指两名队员移动到网前形成双倒勾站立的一种整体配合。①号队员起球后，及时移动到网前靠3号位准备担任主攻倒勾，而②号队员快速移动到网前稍靠2号位形成双倒勾的站位形式，③号二传队员根据情况选点传球（图3-37）。要求接发球、起球和二传第一次传球的弧度稍高一点，为倒勾队员移动提供充分的时间，靠3号位的①号倒勾队员一般以强攻为主，靠2号位的队号则以小弧度、快速进攻为主，如果二传队员能较隐蔽地分球，队员之间配合娴熟，可有效地突破对方的封网。

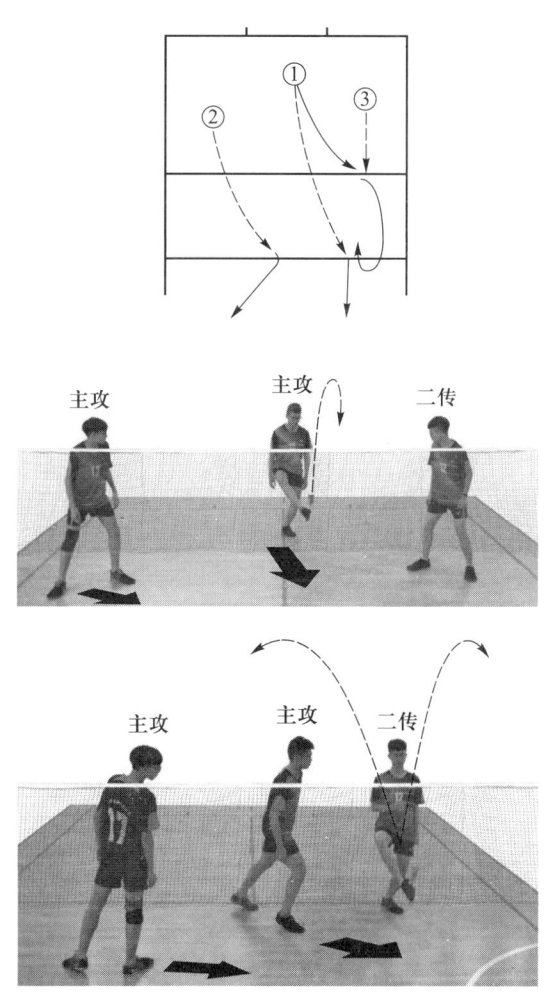

图 3-37　双倒勾配合

（三）立体配合

立体配合是指一名队员移动到网前准备倒勾牵制对方，另一名队员在限制线后助跑起跳头攻的战术配合。当②号队员接球传给③号队员后，迅速移动到网前准备倒勾，①号队员移动到位后，两步或三步助跑头攻③号二传的传球（图3-38）。要求二传弧度不宜过高，离网约1.2米。头攻队员准确判断传球，及时起动、斜线助跑前冲起跳，把球攻入对方场区。

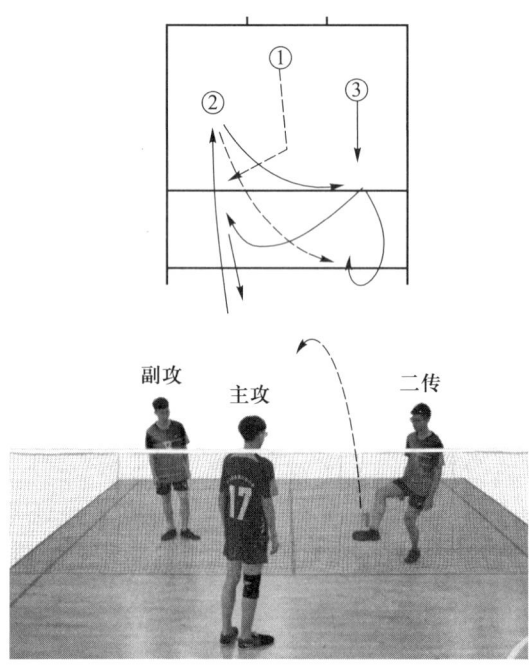

图3-38 立体配合

四、接发球站位与配合

接发球是组织一攻的基础,是防止对方发球直接得分的手段。其战术运用的好坏主要体现在站位阵型的选择和分工配合方面。

(一) 接发球站位的依据

根据对方发球队员的特点和习惯选择站位阵型。比赛前,应详细了解、认真分析对方每一队员发球的速度、弧度和落点以及个人战术运用等情况,并制订出有针对性的接发球方案。比赛中,应随对方的变化,适当调整站位,以适应临场变化的需要。

根据本队一攻战术的需要确定站位阵型,选择站位阵型应以我为主,兼顾其他。可考虑把脚攻队员和头攻队员安排在有利于其发动进攻的位置上,特别是一次传倒勾队员可少接球,以加快进攻的节奏。此外,还应考虑到每个队员的接起和传起能力,接起能力较差的队员可以不参加接发球,本队如果只有一个二传能力较强的队员,应尽量减少其接球的机会,增加其组织二传和一次传进攻的机会等。无论采用什么站位方式,都必须按规则同排不能左右颠倒,同列不能前后颠倒,接发球站位要有界线和球网概念。运动员应根据自己的防守能力、站位阵型的需要,以边线和端线为站位参照物,选择合理的位置。同时,还应遵循球过网的抛物线原理,合理选位。一般而言,站位的原则是前排队员离中线 3.5 米,离边线 1 米取位,后排队员离端线 1 米取位。

(二) 接发球站位阵型

接发球站位阵型运用的好坏对接起的效果有较大影响,这就要求各队必须根据本队的特点掌握多种站位方法,并落实到每一轮次,以适应对方不同的发球,特别是高水平的运动队更应有多种准备。

接发球站位阵型可分为"二一"三角站位、边"一二"站位和插上站位三类。

1. "二一"三角站位

它是由②号位和③号位两名队员平行站在前排,①号位队员站在后排中间的接发球站位(图 3-39)。这是毽球比赛中最基本的站位阵型,被不同训练水平的队广泛采用。当对方发球弧度较高、落点分散、发到后场两角的机会较少时,前面两名队员接前场和中场球;当球飞行弧度高于前面队员的肩飞向后场时,由后面一名队员接球,其职责与分工范围如图 3-39 之 2 所示。这种站位的优点是三名队员分布均衡,位置明确,前、中场力量较强,便于组织进攻。其弱点是后排队员接发球的难度较大,后场两角是较大的薄弱区,很难兼顾,而且 3 人之间的"中间地带"易出现互相干扰、互抢或互让的情况,前排队员也易干扰后排队员接两角球,其薄弱区域如图 3-39 之 3 所示。

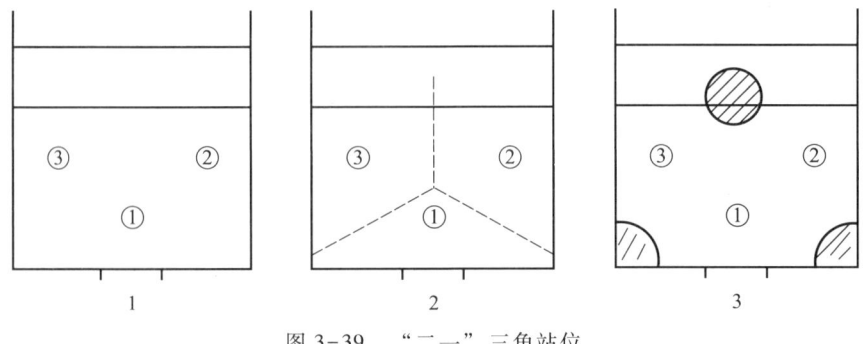

图 3-39 "二一"三角站位

2. "边一二"站位

站位时,前排②号队员站在同侧前场,③号队员后撤与①号队员几乎平行站位(图 3-40)。从职责与分工的情况看,后面两位队员是主要接发球队员,而前面的队员只接自己一边的前场球。这种站位常在以下情况中应用:① 当对方发球弧度平、速度快,球的落点在中后场时;② 为了让主攻队员少接球,节省体力时;③ 为了让二传队员少接球,更好地组织进攻时;④ 为了让前排队员更好地发动一次传组织进攻时;⑤ 为减少接起能力较差的队员接球时。当球飞行速度较快,弧度高于胸,落点较后时,②号队员应大胆放球,让后面的①号位队友接球。接球队员应积极主动,切不可犹豫,其职责与分工范围如图 3-40 之 2 所示。这种站位的优点是中、后场及前场部分区域布局合理。其弱点是③号位队员接球范围较大,往往同侧前场来的球不易兼顾,如图 3-40 之 3 所示。所以③号位队员前后取位一定要合适,一般站在后撤一步、高于胸的来球任其出界为好,重心靠前,随时准备前移。①号位队员应适当朝中间站一点,减少③号位队员的接球面积。

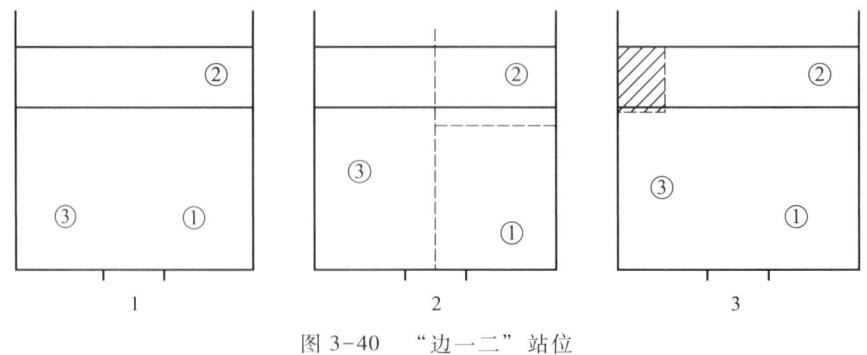

图 3-40 "边一二"站位

3. 插上站位

为了发挥二传的作用或另外两名队员组织二传能力较差时常采用这种阵型。当二传轮转到①号位时，可采用插上站位组织进攻。站位时，②号位和③号位队员后撤，形成两人平行站位接发球，①号位队员站在③号位队员身体右侧后方，一发球就迅速插上二传位置组织进攻（图3-41）。当主攻倒勾队员轮转到①号位时，为了节省体力，利于进攻，也常采用插上站位。插上时，多从两名接球队员中间插上到网前。①号位队员插上时，一定要注意观察对方来球，不要妨碍③号位队员接球，其职责与分工和优缺点与"边一二"站位基本相同。

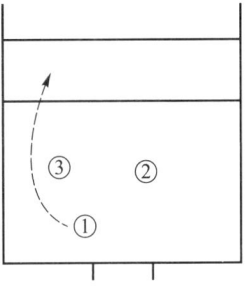

图 3-41　插上站位

（三）接发球站位的分工与配合要求

接发球时，每个队员都应明确自己的职责与范围。划分范围不仅是平面的，还应根据来球弧度的高低进行立体的空间划分，只有这样才能真正做到分工明确，尽量减少相互争抢和等让的现象发生。接发球的分工要根据队员的任务不同、能力差异区别对待。划分接球范围时，不能采用"平均主义"，而应考虑队员的接球能力，接球能力强的队员负责范围应大一些，接球能力差的队员负责范围则可以小些或不参加接发球，二传队员应尽量减少接起次数，多组织二传和一次传进攻等。

需要注意的是，每个队员只负责自己的"包干区"是不对的，因为在临场比赛中，还有不少落在2人或3人之间的"中间地带"和"三角地带"，出现这种情况究竟由谁去接，应根据以下几点酌情处理：① 可由起球能力强的队员去接；② 可由位置较好、便于起动到位的队员去接；③ 当球落在善于一次传倒勾的队员与便于组织一次传倒勾的队员或便于组织一次传的队员之间时，应由后者去接；④ 当球落在脚攻队员与头攻队员之间时，原则上让头攻队员去接；⑤ 当球从前面队员身体两侧飞来，如球的飞行高度超过胸部时，一般由后场队员去接；⑥ 当球落在以防守为主的队员与二传队员或主攻队员之间时，应由以防守为主的队员去接；⑦ 应让先主动呼喊"我的"队员去接。接发球是统一的集体行动，相互间要经常运用各种信号进行联络，默契配合。接球时要果断，切忌犹豫不决，尤其是前排队员应先准备接球，而后准备进攻。一旦做出接球动作，则要尽力去接，否则会影响后面队员的接球。当某一队员接球时，相邻队员要随时准备保护，保护时要注意接球队员的击球姿势。当人与球、人与接起方向的关系不合理时，要及早预判、选位、准备保护；前排队员则要做好处理球平冲入网和过网的准备，从而提高接起的质量，防止出现接发球失误。

五、防守进攻球的站位与配合

防守进攻球是由第一道防线封网和第二道防线后排防守组成的。要根据对方攻球的方式、速度的快慢、线路和落点的变化、个人战术的运用能力等因素来确定防守进攻球的站位阵型。

防攻进攻球的站位阵型包括不封网防守阵型、一封二防防守阵型、二封一防防守阵型、防封回球、防推攻球。这5种防守阵型各有其长处和弱点，比赛中也起着不同的作用，所以各队必须熟练掌握这5种阵型，随临场情况的变化灵活运用，方可起到理想的防攻效果。

（一）不封网防守阵型的站位与配合

不封网防守阵型是指放弃第一道防线，全队后撤组织后排防守的阵型（图3-42）。这种阵型一般在下列情况中运用：对方采用推攻时；我方进攻威力较弱时；对方远网进攻时；我方来不及组织封网时。不封网防守的站位要求是前排②号位队员、③号位队员主动后撤到离网2.5米处，后排①号位队员站到离网4.5米左右的地方，扩大防守的区域，以防中、后场为主，其分工范围见图3-43中虚线部分。在配合过程中，①号位队员除防正面攻过来的球以外，还要防落入后场的球，采用靠前或靠后站位应根据对方进攻队员攻后场的能力以及当时的攻球动作来确定。②号位队员、③号位队员应根据对方攻球的线路变化特点及时调整防守的位置，防起落入中、前场的球。如能准确判断出对方攻球的线路和落点，可迅速缩小防守阵型，密集站位在对方攻球落点可能性最大的区域，每人防守一条进攻路线。防守时，应随时观察对方进攻队员的击球动作，及时调整身体重心和位置，切勿相互乱抢，造成防守失误。

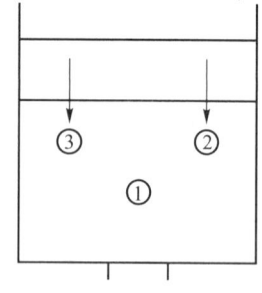

图3-42 不封网防守阵型

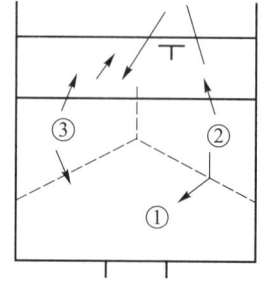

图3-43 不封网防守阵型的站位

（二）一封二防防守阵型的站位与配合

这种防守阵型是由一名队员移动到网前封网，其余两名队员组织后排防守来完成的。其作用和特点是增设了第一道防线，同时也兼顾到后排防守，前、后两道防线布局较为均衡。因此,这种阵型被不同训练水平的队广为采用。

一封二防防守阵型一般是固定一名封网能力强、擅长倒勾反击的队员负责封网,而后排两名防守队员根据情况站位,重点防守攻球落点在中、前场区域的来球。其优点是封网队员转身后就可参与反攻,节奏快,突然性强,但对接应二传的队员要求较高。

封网队员应根据对方起球的落点和弧度、离网的远近高低等传球的情况、进攻的形式、攻球队员的特点以及本方防守整体布局的需要移动选位。当对方善于二传助攻时,封网队员取位应靠左侧二传一边,准备封二传的一次传助攻或自传助攻,反之则靠右边选位,重点准备封进攻队员。选位封网时,首先应准备封节奏最快的一次传组织进攻,其次是自传自攻,最后是二传组织进攻。合理运用个人封网战术,可以达到把球封死或封起的目的。例如,当对方③号位的倒勾队员上前进攻、封网时,前排队员或辅助二传移动到②号位防守,二传队员到③号位防守。站在①号位担任后排防守的队员应重点防守落在中、前场的右斜线攻球和直线攻球,并兼顾同侧后场球。防守准备姿势是:右脚在前,脚尖和身体正对攻球方向防守。站在③号位的防守队员则重点防守后场左斜线攻球和大斜线攻球,并兼顾同侧后场球。防守准备姿势是:左脚在前,脚尖和身体正对攻球方向。后排防守队员的取位应根据对方进攻的具体变化以及本方封网情况及时预测,移动卡位,防住可能性最大的进攻路线。防守站位与封网配合时,一般不能站在封网队员身后的区域内(图3-44)。

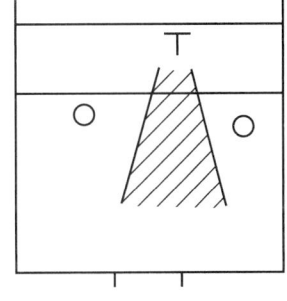

图3-44 防守站位与封网配合时站位的禁区

(三)二封一防防守阵型的站位与配合

二封一防防守阵型是指两名队员上网积极封网,另一名队员留后防守的阵型。其特点是加强了第一道防线的防御能力,网上对抗加剧,但后排防守力量薄弱。该阵型主要是针对对方攻球速度快、落点近、线路变化多、后排不易防守的情况下所采取的防守措施,特别是对付进攻凌厉、线路变化不多也不善于打吊结合的队员效果更好。

双人封网最常用的方法是堵边放中和堵中放边两种配合方式。集体封网要确定以谁为主,正确定位,密切配合。当对方在③号位靠边组织进攻时,可以②号位防守队员为主定位;若对方在②号位靠边处组织进攻,则可以③号位防守队员为主定位;如果对方从中间进攻时,应以经验丰富的队员为主定位。

1. 堵边放中防守阵型的站位与配合

网前两名队员全力封堵两边斜线进攻,把中间直线球留给后排队员防守的站位方法（图 3-45）。这种站位对防守对方线路变化幅度较大的攻球效果较好，特别是在防守对方集中传球、中间进攻时较多采用。通常的配合是，两名封网队员向内移动，选好起跳点，其间隙约为 40 厘米，后排防守队员正对间隙防守，取位根据对方攻球线路的长短而定。这种防守阵型要求后防队员必须具备全面的防守技术，移动迅速，有较好的防守预判能力。

2. 堵中放边防守阵型的站位与配合

网前两名队员全力封堵中路进攻，迫使对方变斜线进攻的防守站位（图 3-46）。当对方以直线进攻为主，线路变化变化幅度小时采用。配合时，两名封网队员正对进攻点，紧贴起跳，空中内靠，两人之间的间隙应尽量减小。起跳后要控制好身体平衡，避免相互干扰。后防队员随时准备向两侧移动防守。

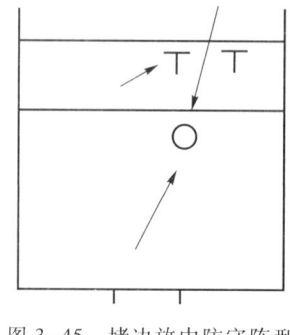
图 3-45 堵边放中防守阵型

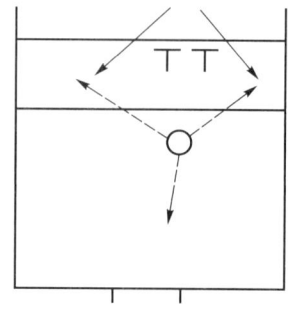
图 3-46 堵中放边阵型

（四）防封回球的站位与配合

目前，在比赛中，封网已受到各队的普遍重视，双人封网使用较广泛，配合也日臻娴熟，导致网上争夺激烈、被封回的球比例增加，而这些被封回的球往往对比赛的胜负至关重要，因此，各队也十分重视对封回球的保护，以免不必要的失误。

由于毽球的弹性不大，被封回的球往往都落在网前攻球队员身体附近，呈小弧度下落且普遍较慢。因此，在一般情况下，应强调以攻球队员的自我保护为主，其他队员跟进协同保护为辅。进攻队员完成攻球动作后，应立即做自我保护。进攻队员如来不及做自我保护时，其他队员要跟进保护。例如，背向倒勾、里合倒勾等都是背对球网进攻，虽然被封回的球速度并不快，但进攻队员无法观察球的下落情况；又如进攻队员斜线助跑前冲起跳头攻，攻球后人体继续向前飞行，落在中线附近，离封回的球较远，进攻队员来不及做自我保护，这就需要其他队员跟进保护。

跟进保护的队员一般站在离网 1.5 米的地方，尽量站在可能被封回而进攻队员又无法自我保护的位置上。跟进队员的准备姿势是：两腿弯曲，重心在两脚之间，但不宜太靠前，随时准备伸腿救球或后撤救球。当球攻入对方场区内，保护队员应及时后撤到中场，以免造成后排空间太大。

（五）防推攻球的站位与配合

当对方防守起球不到位或失误时，往往会利用最后一次击球机会把球推攻过来，此时应抓住时机，防守起球到位。防推攻球的站位多采用无封网情况下的站位。推攻过来的球不外乎以下三种情况：① 在本方组织进攻的情况下，给对方的防守带来了极大困难，这时，防守队员很难控制防守起球的方向和力量。在这种情况下，有可能出现防守失控把球踢过网。这种情况的来球落点分散、难度不一，所以负责中后场防守的队员思想稍有松懈就有可能出现失误。② 当对方防守起球或传球不到位，无法组织有效的进攻时，往往采用推攻把球处理过来。这种处理球节奏慢、突然性差、难度不大，因此，网前队员有充分的时间后撤并选好防守位置，从而有效地组织各种战术进攻。③ 当本方发球后没有及时进场、进攻后未及时后撤、防守站位不合理、精神不够集中时，往往给对方可乘之机。此时，对方有可能打破常规，使用一次或两次击球把球推入本方空当，从而达到攻其不备的战术目的。为了防止防守中出现漏洞，当发现对方已不可能组织进攻时，网前进攻队员或封网队员应及时后撤到有利于防守起球或组织进攻的位置，并在后撤中观察对方的推攻情况，切不可疏忽大意，而应集中注意力把推攻球认真防起。

第四节　三人赛打法

第四章
毽球比赛的组织与管理

第一节 毽球竞赛委员会

毽球运动是一项富有群众性的传统体育运动项目,其竞赛组织形式多样,竞赛的模式、类别也有较大的差异。因此,应根据竞赛的目的和任务,组织不同规模、不同类别、不同形式的竞赛活动。毽球运动竞赛项目、赛次、参赛人数、裁判人员、场地器材等比较复杂,比赛时间也相对集中。因此,要组织好毽球比赛,就需要赛前周密考虑,做好各项组织工作。

成立竞赛委员会是宏观管理的系统形式,反映了竞赛组织系统的面貌。在比赛前应成立筹备小组,成立竞赛委员会,确立各层次的负责人、工作人员、官员和裁判人员(图4-1),对大会组委会负责。

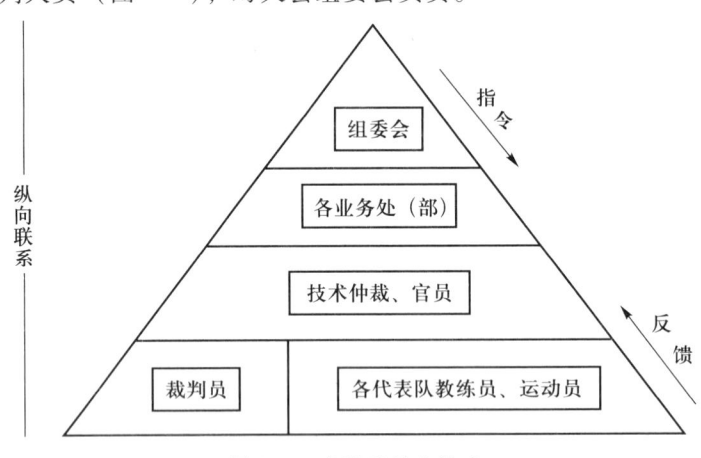

图4-1 竞赛委员会构成

一、竞赛委员会的职责

毽球竞赛的目的是推动毽球运动的发展,检查训练成果,交流技术和经验,发现、选拔和培养优秀运动员,促进毽球运动技术水平的不断提高。因此，竞赛委员会应围绕此目的开展各项工作。竞赛委员会的职责包括：

（1）根据竞赛规程的规定，接收报名单，审查运动员资格。

（2）对竞赛规程中的未尽事宜做补充通知。

（3）负责比赛编排并主持抽签工作。

（4）协助裁判长工作，准备裁判员的一切用品。

（5）编排秩序册、成绩册，印制比赛用的各种表格，设置公告栏。

（6）准备奖品，制订发奖计划。

（7）向组委会、仲裁委员会报告比赛中发生的事端及纠纷情况，并协助处理。

（8）上报比赛总结及成绩记录。

二、竞赛委员会的组成

（1）竞赛委员会由主办单位负责竞赛的人员牵头，设主任、副主任、仲裁、裁判长等职务。

（2）竞赛委员会下设场地器材组、编排器材组及裁判组等。

三、竞赛委员会的基本工作

（一）制订竞赛规程

竞赛规程是比赛的指导性文件，如果大会组委会已经颁发了竞赛规程，竞赛委员会必须严格执行。如果竞赛委员会自行制定竞赛规程，竞赛规程应包括以下内容：

（1）比赛名称和目的。

（2）比赛的起止日期和地点。

（3）比赛项目。

（4）参赛单位。

（5）参赛者的年龄限定。

（6）比赛方法。

（7）报名人数、报名方法及截止日期。

（8）报到日期、地点。

（9）采用的竞赛规则。

（10）比赛用球与比赛场地。

（11）录取名次与奖励方法。

（12）计分方法。

（13）关于服装和鞋子的规定。

（14）竞赛抽签的时间和地点。

广东省第十二届毽球锦标赛竞赛规程

（15）其他特殊规定。

（二）制订报名表

（1）报名表的内容包括单位、姓名、性别、民族、出生日期、参加比赛项目及双人配对名单等。

（2）报名表应用正楷字体填写并加盖公章。凡未按照报名格式填写者，报名无效。

广东省第十二届毽球锦标赛报名表

（三）编印秩序册、成绩公报和成绩册

1. 编印秩序册

秩序册在赛前编印完毕，应包括以下内容：

（1）竞赛规程。

（2）竞赛委员会及办事机构。

（3）仲裁委员会及裁判员名单。

（4）各代表队名单。

（5）比赛日程安排名单。

（6）竞赛时间安排表。

（7）第一阶段积分表。

（8）双人比赛对阵表。

（9）第二阶段比赛对阵表。

（10）运动员适应场地训练安排表。

（11）各代表队人数统计表。

2. 成绩公报和成绩册

（1）设立成绩公告栏，每天每单元比赛结束后，都要公告比赛成绩。比赛预赛及循环赛结束后也要公告成绩。

（2）编印成绩公告表和成绩册。

（3）公布成绩时，比赛结果需有局数比分。

（四）总结

比赛结束后，主办方要出书面总结，在 2 周内上报主管部门，总结主要包括：

（1）比赛地点和起止时间。

（2）参赛单位及人数。

（3）比赛场次和球场使用数量。

（4）比赛概况。

（5）比赛中发生的情况及处理意见。

（6）比赛经费开支情况。

（7）经验、建议等。

（五）裁判组的设置

（1）竞赛委员会负责聘请裁判员，成立裁判组。裁判员的安排主要根据比赛场地情况来确定，一般来说，6~7人负责一块毽球裁判场地。

（2）裁判组设裁判长1人，副裁判长2~3人，必要时下设比赛场地裁判长组长若干人。

（3）全国性比赛，正、副裁判长必须由国家级以上级别裁判员担任；省级比赛，正、副裁判长可以由国家一级裁判员担任。

（4）如果比赛时间短，参赛人数较多，竞赛委员会有权根据实际情况来确定比赛比分数，如三人赛规则规定每场21分，可更改为15分，这样有利于比赛的顺利进行。

广东省第十二届毽球锦标赛自愿参赛责任书

第二节　毽球竞赛方法

一、确定比赛项目和组别

（一）项目设置

在网毽和花式毽球比赛等项目中，主办单位根据实际需要，在所举办的比赛中设置若干个比赛项目。如2019年全国毽球锦标赛共设置了13个比赛项目，包括7个毽球比赛项目（男子三人赛、女子三人赛、男子双人赛、女子双人赛、男子单人赛、女子单人赛、混合双人赛）、2个平踢毽球项目（男子三人赛、女子三人赛）、4个花式毽球项目（男子个人规定套路、女子个人规定套路、男子个人自选套路、女子个人自选套路）。

（二）组别设置

（1）以年龄段进行组别设置。如2019年广东省毽球锦标赛按年龄划分为4个组别，分别为成年组（运动员必须是2000年9月1日以前出生的）、青年组（运动员必须是2000年9月1日至2003年8月31日出生的）、少年组（运动员必须是2003年9月1日至2006年8月31日出生的）和儿童组（运动员必须是2006年9月1日或以后出生的）。

（2）以区域进行组别设置。如2019年粤港澳大湾区毽球公开赛按区域设置了大湾区组和公开组。

二、确定参赛单位和参赛运动员资格

（1）明确参赛单位的资格，规定可报名组别的参赛队数。如全国青少年（中学生）毽球锦标赛，规定各地级市、行业体协、中学、中国毽球协会挂牌

单位可报甲、乙组各一支队伍，计划单列市可报甲、乙组各两支队伍。

（2）根据办赛规模，明确规定参赛单位可报名的队数，每支队伍参赛运动员、教练员和领队的报名人数以及每名运动员可报名的项目。

（3）主办单位根据比赛的性质，提前公告竞赛规程，明确参赛运动员的资格，在报名之前进行运动员资格审查，确定注册办法。经公示，不符合参赛条件的运动员不能参加该比赛。

三、比赛规定

（一）明确比赛执行的竞赛规则

比赛应明确执行的竞赛规则，如2019年全国毽球锦标赛执行的是中国毽球协会最新审定的《毽球竞赛规则》《花式毽球竞赛规则》和《平踢毽球竞赛规则（试行）》。而不同级别不同规模的赛事，主办单位会根据比赛的实际需要作出一些特殊的规定，如广东省毽球锦标赛，由于比赛时间紧、比赛场地数量少、参赛队伍多、比赛场次多等因素，比赛的主办单位对记分方法作出特别规定：每场采用三局两胜制，比赛每局15分，先得15分并净胜2分者为胜，出现14分平时，领先2分者为胜，当出现20分平时，先得21分为胜。

（二）确定比赛赛制

组织毽球比赛时，需要根据比赛的规模、宗旨、时间、场地，比赛的组织工作情况以及不同项目的特点来选择和确定竞赛方法。毽球竞赛方法很多，一般采用淘汰法和循环法。

广东省第十二届毽球锦标赛竞赛组委会及办事机构

1. 淘汰法

淘汰法一般适用于参赛队（人）多且比赛时间短的情况。一般在比赛的第二阶段采用淘汰法。淘汰法的优点是可以节省时间，缺点是比赛机会较少，不能合理地体现队（人）的实际水平和名次。淘汰法包括单淘汰和双淘汰两种。

2. 循环法

循环法是指一次竞赛过程中，参加比赛的队（人）相互间都进行比赛的方法，比赛中相遇一次是单循环，相遇两次是双循环。循环法能较好地反映比赛队（人）的实际水平，其缺点是占用时间长。在比赛中，还可以根据实际情况进行分组循环。毽球竞赛大多在第一阶段采用循环法。

广东省第十二届毽球锦标赛大会活动日程

另外还可以根据实际情况（如八支以上的队伍）先分组循环，小组出线的队伍再进行交叉淘汰决出总名次。毽球比赛大多采用先分组循环再淘汰决出名次的方法。如2019年全国毽球锦标赛就是采用先分组循环再淘汰的赛制，分为两个阶段进行比赛：第一阶段根据参赛队数采取分组循环赛制，计分方法为胜一场得 2 分，负一场得 1 分，弃权为 0 分，按积分多少排列小组名次；两队或两队以上积分相等，净胜局多者名次列前；仍相等，净胜总分多者名次列前；再相等时，抽签决定名次。小组出线后，进行第二阶段交叉淘汰赛制。

（三）确定比赛分组

各项目比赛的分组经抽签决定，并明确该比赛分组时是否设种子队，如设种子队，则在规程中明确种子队设立的方法和依据。

（四）确定比赛用球

赛前，在规程中须明确规定本次比赛的指定比赛用球和球的型号，以便各参赛单位赛前围绕比赛用球进行有针对性的练习。

第五章
毽球运动员的科学选材

第一节 毽球运动员的模式特征

竞技能力的高低是运动员能否在比赛中取得优异成绩的关键因素。竞技能力是由运动员的身体形态、身体机能、身体素质、技术水平、战术水平、心理素质和智力因素决定的。这7个因素可概括为体能、技能和心理能力三个方面。

一、身体形态

身体形态与运动成绩有着密切的内在联系，虽然它不直接决定运动成绩，但运动成绩的取得依赖于合理的身体形态特征。身体形态是运动技能的基础，它受先天因素的影响较大，因此，对优秀毽球运动员身体形态的模式特征进行研究就显得尤为重要。

（1）身高。身高与速度、反应、灵敏、协调、柔韧等素质，特别是与下肢灵敏的关系极为密切。根据毽球项目的运动特点，对运动员进行选材时不仅要考虑网上空中争夺、进攻等需求，还要兼顾毽球动作技巧性较高和细腻的脚下快速防守的需求。目前，全国优秀毽球运动员的身高男子普遍在1.75~1.85米，女子普遍在1.60~1.70米，可见这项运动在我国有着优越的选材条件。另外，队员在场上的比赛分工不同，对身高的要求也有所不同。一般来说，主攻队员身高相对要高些，二传队员和防守队员可适当矮些。随着系统训练和早期训练的不断加强，毽球运动员的身高正在向着"大型化"的方向发展。

（2）体型。根据毽球运动项目的特点，优秀毽球运动员的体型模式特征如表5-1所示。

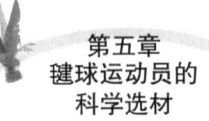

表 5-1　优秀毽球运动员的体型模式特征

项目	特征	作用
体重	属中等，身体匀称，体脂肪量小	协调灵活，具有一定的对抗能力
胸围	胸围指数属中上等	体现出体力充沛，封堵面积大，反弹力较好
胯宽	骨盆相对较窄而扁平	下肢轻巧灵敏，增大髋关节的活动幅度
下肢长度	下肢较长	增高攻击点，扩大防守面积
下肢腿围	股四头肌以及下肢肌群发达有力	增大腿的触球面积，移动迅速，爆发力好
踝围	脚踝细，跟腱明，足弓高	脚踝轻巧灵活，小腿爆发力好

二、身体机能

身体机能是指人的心血管系统和呼吸系统的功能。毽球比赛强度大，没有良好的身体机能就无法承担比赛任务。

（1）心脏功能。对全国毽球锦标赛比赛中运动员的心率进行测试发现，主攻手的心率常常达到 180 次/分，这说明毽球运动对心血管系统有着较高的要求。高水平运动员一般安静脉搏较小，负荷后脉搏增加相对较少且恢复时间较短。

（2）最大摄氧量。最大摄氧量是有氧供能中一项重要指标，对于毽球运动而言，有氧供能在比赛中发挥着重要作用。最大摄氧量与遗传的关系较大，是选材的重要指标。

三、身体素质

人的运动能力与身体素质有较大关系，因而运动成绩与身体素质也有密切关系。毽球运动员选材时，身体素质也是重要内容之一。根据毽球项目的运动形式和特点，影响毽球运动成绩的身体素质因素包括：

（1）髋关节的柔韧性。髋关节的柔韧性是完成高质量脚攻动作的重要因素。髋关节的活动范围越大，脚攻的选择性就越多，运动员的变化能力就越强，击球点就越高。髋关节柔韧性的测试方法较多，通常可采用立位体前屈测试。高水平毽球运动员的立位体前屈指标可达到 24~28 厘米。

（2）摆腿动作速度。脚攻是毽球技术中的主要进攻手段，下肢摆腿速度是影响攻击力的重要因素。一般可采用直推正踢腿的方法测试向上踢腿的动作速度和正踢后的下踏动作速度。

四、技术水平

技术水平是影响运动员竞技能力的重要因素。技术水平一般包括技术质量、技术容量和技术效果三个方面。

根据运动员技术评价内容，优秀毽球运动员在做技术运动时，动作应协调、轻松、省力，能够充分发挥自己的体能、技能和特长，能攻善守，技术全面。主攻队员不但要熟练、稳定地掌握脚背倒勾攻球和脚掌前踏攻球技术，而且还应具备较好的防守能力和传球能力；防守队员在全面掌握防守和传球技术的基础上，也应具备一定的进攻能力，只有这样才能做到技术全面，无明显漏洞，为全攻全守打下坚实基础。另外，在快速对抗和实战条件下，优秀运动员具有较强的驾驭时间和空间的能力，动作具有正确性、稳定性和实效性。

五、战术水平

战术能力是竞技能力的重要组成部分，也是衡量毽球运动员水平的重要评价内容。

评价一名队员战术水平的高低，首先要看他是否具备较高水平的战术意识和战术理论知识，这是衡量运动员是否成熟的重要标志。战术理论知识主要体现在队员能理解各种攻、防战术形式及阵型的优缺点，熟悉对付各种战术的策略及有效方法，掌握规则对战术的限制与要求等。其次是战术素养，战术素养反映在临场比赛中，体现在队员能否根据比赛的规律和各方面情况随机应变，有目的、有预见性地决定自己或同伴的配合行动。此外，战术的数量和质量也是战术能力的重要组成部分。队员只有具备大量的具体战术"储备"，才有可能在遇到不同对手或碰到各种变化的情况时，有针对性地灵活运用战术战胜对手。战术的多样性必须以战术的质量和效果作为保证，若追求多而不精、华而不实的战术，就会使战术流于形式而失去多样性的意义和作用。

六、心理素质

只有在良好的心理素质的调控下，运动员所具备的生理潜力、遗传方面的优势和超群的身体素质才能得以运用和发挥。因此，良好的心理素质是一名优秀毽球队员必备的品质。关于心理素质对毽球运动选材的影响及技巧，将在下一节作详细介绍。

第二节 毽球运动员的选材

一、毽球运动员选材的重要性

现代毽球运动充分体现了现代竞技体育项目的特性，即激烈的对抗性、高

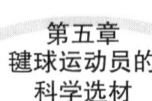

超的技艺性、严肃的规则性。要想培养出优秀的选手，创造出优异的运动成绩，必须对选材的重要性有充分的认识。

（一）毽球运动的特点和要求

毽球运动是一项隔网对抗的集体性球类项目。快速多变的脚攻和头攻是毽球进攻技术的特色。在网上速度和高度的竞争中，制空权的激烈争夺是矛盾的焦点；娴熟的脚下防守技巧、快速的奔跑和移动能力，体现了毽球项目以脚为主的项目特点；毽球运动员需要具备良好的战术意识、密切的战术配合和丰富的比赛经验，这些意识和能力是在长期的训练和比赛中逐渐培养起来的。由于毽球项目与其他体育项目的特点不同，所以这项运动对运动员的身体形态、身体机能和心理素质等各方面都提出了特定的要求。

（二）成长三部曲，选材是关键

任何一位优秀运动员成才的背后都经历了选材—育才—用才这三个过程。由此可见，科学选材是运动训练系统的重要组成部分。"选材成功就意味着训练成功了一半"的观点已被毽球界教练员普遍认可。这要求在组建各级毽球队时，一定要认真筛选"原始材料"，挑选出那些先天素质较好、后天训练可塑性强的运动员，切实把好选材关。

（三）保障多年系统训练的顺利完成

要在最佳竞技年龄区间创造优异的运动成绩，运动员必须在此之前有足够的时间进行基础训练和专项训练，这就要求毽球运动员必须从适宜的年龄开始就从事系统训练。成功的早期选材，可以及时为运动员确定未来发展的专项，尽早开始系统训练，并在不同的训练阶段创造出理想的成绩，进一步激发其训练的动机。这可以大大减少淘汰率，避免人力、物力、财力和时间方面的极大浪费，取得较好的训练效果。

二、毽球运动员的选材技巧

毽球运动员的选材，必须根据该项目"高、快、变、强"的特点，选择身材高大、躯干较短、四肢较长的少年；同时，选择的运动员应具备良好的心理素质，如意志品质坚强、注意力高度集中、理解力强、想象力丰富、具有创造性和善于自我控制；此外，选择的运动员还要能适应大强度训练。这就要求在选材过程中，要对队员的身体形态、生理机能、心理素质和身体训练进行全面考虑。现介绍有关选材的方法。

（一）根据队员父母的身高预测其身高

目前，国内具有代表性的身高预测公式为：

$$儿子身高 = (母亲身高 \times 1.08 + 父亲身高) \div 2$$
$$女儿身高 = (父亲身高 \times 0.923 + 母亲身高) \div 2$$

公式中身高的单位为厘米。

例如，母亲身高 162 厘米，父亲身高 178 厘米。

代入公式得：

儿子身高 =（162×1.08+178）÷2 cm = 176.5 cm

女儿身高 =（178×0.923+162）÷2 cm = 163.1 cm

（二）根据足长预测身高

肢体长度与身体高度之间有着密切的关系。下肢长度的增长速度比身高增长的速度要快，尤其是足长的增长速度，要领先于人体其余部分的增长速度。因此，可用足长来推算未来身高，其公式如下：

$$S = L \div (Z \times K)$$

S 为未来成年时身高（米），L 为该年龄足长（厘米），Z 为成人足长指数（男性为 14.6 厘米，女性为 14.4 厘米）。K 为该年龄占成人足长的百分比（表5-2）。

表 5-2 不同年龄足长占成人足长的百分比

年龄/岁	占成人足长的百分比/%	
	男	女
7	74.30	79.48
8	76.71	82.53
9	79.92	86.03
10	83.13	89.52
11	85.94	92.58
12	89.56	96.07
13	93.17	97.82
14	96.39	98.69
15	98.39	99.56
16	99.20	99.56
17	99.20	99.56
18	99.20	99.56
19	99.60	99.56
20	99.60	100.00
21	100.00	

例如，一名9岁男孩足长为20厘米，查表5-2得该男孩足长占成人足长的百分比为79.92%。

代入公式得：
$$该男孩未来身高 = 20 \div (14.6 \times 79.92\%) \text{ m} = 1.714 \text{ m}$$

（三）反应速度预测

反应速度是较稳定的指标，生长发育对其影响很小，在无反应时测定器的情况下，可用米尺简易测试。具体做法如下：

测试者用拇指把一根米尺垂直按在墙上，尺的上端在墙上与受试者眼睛平齐，命受试者将拇指放在靠近尺下端的位置，当主测试者的拇指移开时，受试者要立即将下降的米尺按住。米尺下降的高度越大，反应速度越慢。在测试中，那些米尺下降高度较小者视为优秀者，而将米尺下降高度大者淘汰。

（四）心理选材

对少年儿童进行心理选材时，要明确心理的概念、心理过程及心理特征。

心理现象人人都熟悉。每一个发育正常并处在清醒状态的人，随时都在体验各种心理。人的心理现象包括心理过程和个性心理特征两个方面，心理过程和个性心理特征这两者是密切相关的。

由于人的先天遗传因素、社会生活条件、所受的教育影响和从事的社会实践活动等情况各不相同，不同个体形成了各自不同的心理过程和个性心理特征，从而构成了人们千差万别、千姿百态的个性。因此，在对毽球运动员进行选材和训练时，必须结合毽球"高、快、变、强"的特点，注意观察运动员的心理活动过程，揭示和把握其个性心理特征。

1. 心理过程

心理过程是指在客观事物的作用下，心理活动在一定时间内发生、发展的过程，通常包括认知过程、情绪情感过程和意志过程三方面。认知过程包括感觉、知觉、记忆、思维、想象等。在对毽球运动员进行选材时，应特别注意观察其各种表现，例如，可以通过家访、校访、个别谈心等方式进行调查了解，可以组织游戏、训练和竞赛实践等进行对照分析，可以对其兴趣、爱好、学习态度等进行纵向比较，也可以人为地创造一个特定的气氛，观其反应。因此，在对毽球运动员进行选材时，应注意选择在运动感觉上比较敏锐、在运动知觉上既有广度又有深度、在运动思维和反应上既敏捷又稳定、在运动记忆上既准确又牢固、在运动注意力上既能高度集中又能持久保持的运动员，并根据其个人心理特长和毽球阵容配备中不同角色的需要，扬长避短，将他们分别安排在阵容搭配的适当位置上，充分发挥其特有的作用。

2. 个性心理特征

个性心理特征是指一个人在兴趣、能力、气质和性格等方面所表现出的比较稳定的心理特征。

在毽球比赛中，高超精湛的传、接球技巧和高质量、高强度的扣球、拦网技术，要求运动员平时勤奋学习，刻苦训练，不断提高自己的技战术水平。在训练的过程中，外部环境、生理条件、身体素质以及心理上的障碍等，都可能给训练带来困扰，这就要求运动员具有坚强的意志品质及为了既定目标执着追求、锲而不舍的心理动因。这是毽球运动员必须具备的个性心理特征之一。

毽球比赛男、女网高分别为1.60米和1.50米，这要求运动员必须具备良好的身体素质。比赛中，运动员通常都采用带有"鞭打"的击球技术，球速较快，加上双方都想争夺主动权，常常采用"长打短吊"和"声东击西"的战术组合，使得球的运动速度、力量、落点处于不断变化之中，且不以人的意志为转移，这要求运动员在快速多变和攻防激烈对抗的快速转换中，应具备灵活机动、迅速果断和顽强拼搏品质，这是毽球运动员必须具备的个性心理特征之二。

在激烈的毽球比赛中，双方常常势均力敌，比赛过程难解难分，经历十几个回合，都未能拉开比分，但有时也会出现比分大起大落的情况。在比赛过程中，偶尔也会出现裁判员误判、观众情绪"激动"以及灯光、场地等意外情况的干扰，此时谁能控制好自己的情绪，保持沉着、稳定的心理状态，谁就有可能在激烈的对抗中掌握主动，克敌制胜。毽球运动员的这种自控能力，比那些身体对抗性项目运动员的自控能力更为突出。这是因为在身体对抗性项目中，运动员可以将内心的怨、愤、急、怒等情感，通过身体"接触"的方式得到发泄，从而求得一时心理上的满足和暂时的心理平衡。但在毽球运动中，由于受规则限制，运动员既无法与对手直接接触，更不可能与同伴发生"冲突"，而要以"不变"应"万变"的心理，一丝不苟地完成每一次配合。这种稳定的情绪和沉着、冷静的自我控制能力，是毽球运动员必须具备的个性心理特征之三。

毽球规则规定，运动员在比赛中不能持球、不能碰网、不能过线、一方三人四次击球必须过网等，在这些规定的限制下，比赛双方都想发挥本方的整体优势而力争主动，特别是在高水平的激烈攻防对抗中，"整体"进攻和"整体"防守表现得尤为突出。这种高度的协同性，决定了比赛中任何一项技战术的运用，都要在同伴的协同配合下完成，在这一过程中，队友难免有失误的时候，也难免会出现"失常""失控"的现象，作为场上队员，既要严格要求自己，也要宽以待人，用自身娴熟的技艺来弥补同伴的失误，缓冲种种"内

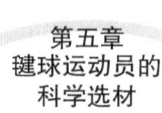

部矛盾"，为全队技战术水平的正常发挥尽到自己最大的努力。严以律己、宽以待人、协同作战的宽容态度，是毽球运动员必须具备的个性心理特征之四。

了解了上述内容后，对毽球运动员进行心理选材就有了基本的依据。下面再结合毽球运动"高、快、变、强"的特点，针对运动员在神经、性格、能力、兴趣4个方面所表现的不同类型及不同的具体现实表现和特点，进行逐一对照分析。为便于选材，特制定如下现实表现特点和分值对照表（表5-3）。

表5-3中所列的运动员的各种现实表现，都是他们在日常生活、学习、训练和比赛中的自然流露。只要教练员勤于观察，善于分析、比较和鉴别，就可以在表中查到运动员相对的所属类型。具体选材时，首先可将运动员的各种具体表现"对号入座"，查出该运动员在某个单项方面的分值，然后将各个单项分值相加，得出该运动员的心理选材总分值。最后将各自所得已经量化的个人总分值进行纵向比较，就可以较准确地从心理角度遴选出分值较高者。

表5-3 心理选材对照表

类型	分类型		现实表现特点	对照分值
神经	兴奋	一型	性情暴躁、精力充沛、争强好斗、不可抑制	0分
		二型	性情急躁、接受较快、忽冷忽热、不够专一	1分
		三型	性情刚强、反应迅速、责怪他人、不够仔细	2分
	活泼	一型	活泼热情、精力旺盛、头脑机灵、求之过急	3分
		二型	活泼好动、想象丰富、勤学好问、逞强好胜	4分
		三型	活泼机灵、头脑清晰、接受容易、略显急躁	5分
	安静	一型	心情稳定、行动果断、勇敢顽强、善于统筹	5分
		二型	心情安静、个性较强、暗中努力、顾全大局	4分
		三型	性情沉静、不易激动、深思熟虑、固执己见	3分
	沉默	一型	沉静少语、不善交际、时有被动、缺少勇气	2分
		二型	四肢无力、温习犹豫、多愁善感、又爱生气	1分
		三型	沉默孤独、懒散懦弱、与世无争、一团和气	0分
性格	爽朗型		爽朗、勇敢、果断、谦虚	5分
	实干型		朴实、勤劳、顽强、果断	4分
	骄傲型		勇敢、骄傲、能干、自负	3分
	一般型		肯干、平庸、无求、无争	2分
	自卑型		胆小、怕事、优柔、寡断	1分

续表

类型	分类型	现实表现特点	对照分值
能力	特强型	能轻易完成任务,好个人表现	4分
	强型	能出色地完成任务,有组织领导才能	5分
	普型	能完成任务,能力一般,不太突出	3分
	弱型	勉强完成任务,遇事回避、办法少	2分
	最弱型	完成任务困难,遇事要人帮助	1分
兴趣	特浓型	兴趣特别浓厚而全面	5分
	浓厚型	兴趣一般浓厚而全面	4分
	单一型	兴趣一般,且较单一	3分
	一般型	兴趣单一	2分
	微型	无兴趣	1分

第六章
毽球运动员的体能训练

体能是通过力量、速度、耐力、协调、柔韧、灵敏等运动素质表现出来的人体基本的运动能力。毽球运动是一项激烈的隔网对抗性竞技项目。一场激烈的毽球比赛，运动员在场上不但要不断地快速奔跑、摔打和救球，还要在复杂条件下完成高难度的攻防技术动作，这就要求运动员必须在力量、速度、耐力、灵敏和柔韧等身体素质方面全面发展。随着当代毽球运动不断向着更高、更快、多变、全攻全守的方向发展，这项运动不仅网上争夺激烈，对防守的要求越来越高，而且运动员技术动作的难度也越来越大。为适应各种激烈的大强度比赛，运动员的各项身体素质训练显得尤为重要。

进行全面身体训练时，必须把一般身体训练和专项身体训练结合起来，要以一般身体训练为基础，在全面发展的基础上，重点发展专项身体素质。一般身体素质练习虽不直接提高专项技术水平，但它经过身体训练的过程和转化，可间接作用于专项技术，促进专项身体素质的发展，为提高成绩奠定良好的身体基础。而专项身体素质与专项技术、战术紧密相连，具有明显的项目特点。毽球运动员所需要的专项身体素质主要表现为反应速度、起动移步速度、下肢柔韧性、摆腿速度、场上的灵活应变能力、弹跳能力及移动耐力等。所以，要想更快、更有效地掌握毽球技术，提高运动成绩，首先必须使运动员的身体素质得到全面发展和提高，特别是儿童、青少年更应注重身体素质的基础训练。

第一节　速度素质训练

一、速度素质的种类

速度素质是指人体进行快速运动的能力，它是毽球运动中最重要的素质之一。毽球运动中的反应、起动移动、起球、封网、攻球等技术都需要快速完成。因此，速度素质的发展水平是衡量一个毽球运动员全面发展水平的重要因素，在很大程度上决定着运动员运动成绩的高低和比赛的胜负。

速度素质的种类有：

1. 反应速度

反应速度是指人体对外界各种刺激做出快速应答的能力，即机体从接受刺激到发生反应所需的时间。

2. 动作速度

动作速度是指完成单个动作或成套动作的快慢以及单位时间内重复动作次数多少的能力。

3. 移动速度

移动速度是指在单位时间内身体快速位移的能力。毽球运动的移动速度特点是定向与变向相结合，它主要是以来球情况和双方队员的动作变化情况为信号，及时进行短距离的移动。

二、速度素质的练习方法

1. 一般素质练习方法

一般素质练习方法有小步跑、高抬腿跑、不同距离冲刺跑、往返移动、网前移动、听口令移动、15秒快速正踢腿等。

2. 专项素质练习方法

（1）看球起动。一人任意抛球，另一人移动接球后再换人练习。也可采用教练抛球，队员依次快速移动脚背救球等方法练习。

（2）踢腿打树叶。队员可采用前踏和倒勾动作快速踢腿打树叶。可原地或高跳练习踢腿打树叶，要求队员连续踢5~10次或三人一组依次轮流练习。

（3）踢腿打吊球。把球吊到一定高度，队员原地或跳起踢腿打吊球。可采用倒勾动作和前踏动作完成。

（4）网前踢腿。队员可选用倒勾和前踏动作进行练习，要求队员助跑起跳完成动作过程中，身体任何部位不得触碰球网。

第二节　力量素质训练

力量是身体或身体某部分肌肉工作时克服阻力的能力，肌肉紧张和收缩时所表现出来的能力。人体的任何活动离不开肌肉的收缩力量，它维持着人体的基础生活能力。力量素质对人体运动有极大影响，是人体运动的基本素质，也是衡量运动员身体训练水平的重要指标。当人体从事体育运动时，则需要特殊的肌肉力量能力，这些特殊的肌肉能力是通过运动训练获得的，它是掌握运动技能、技巧，提高运动成绩的最重要的基础。有效地进行力量练习，对提高毽球运动水平具有极其重要的意义。

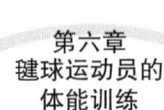

一、力量素质的种类

根据不同运动项目对力量素质的要求以及力量的不同表现形式，力量素质可分为多种类型。例如，根据肌肉收缩的形式，可将力量划分为静力性力量和动力性力量；根据力量和体重的关系，可分为绝对力量和相对力量；根据力量的表现，又可以分类最大力量、速度力量和力量耐力；根据和专项的关系又可以分为一般力量和专项力量。在毽球训练实践中，根据毽球项目对力量素质的要求，从力量的训练特征来划分，可将力量素质分为最大力量、相对力量、速度力量和力量耐力4种。

（一）最大力量

最大力量也称绝对力量，是指人体或人体某一部分肌肉工作时克服最大内外阻力的能力，亦是指参与工作的肌群或一块肌肉在克服最大内外阻力时，所能动员出的全部肌纤维中最多数量的肌纤维发挥的最大能力。最大力量是其他力量的基础。

最大力量的表现一般是指在各种姿势时，如站立、坐、卧、仰、蹲等身体姿势时，身体或身体某一部分所克服的最大阻力，以重量来衡量，可用测力计、杠铃、拉力器等来测定。

（二）相对力量

相对力量是指人体每千克体重所表现出最大力量值的能力，它主要反映运动员的最大力量与体重之间的关系。绝对力量的大小在很大程度上取决于体重，而毽球运动原则要求运动员具有良好的相对力量，即每千克体重所具有的绝对力量。

（三）速度力量

速度力量也叫快速力量，是指人体在运动时以最短的时间发挥出肌肉力量的能力，也可指运动员在特定的负荷条件下所表现出来的最大动作速度。速度力量包括起动力、爆发力、制动力。起动力是指在最短时间内最快地发挥出的肌肉力量；爆发力是指在最短时间内以最大的加速度克服一定阻力的能力，它是速度力量性项目提高运动成绩的主要因素；制动力是指以较高的加速度朝相反的方向运动的能力。在毽球运动中，倒勾攻球动作就是由速度和力量两个因素相结合完成的。

（四）力量耐力

力量耐力是指人在克服一定外部阻力时，能坚持尽可能长的时间或重复尽可能多的次数的能力。即无论运动员在静力或动力性工作中，能长时间保持肌肉紧张用力而不降低工作效果的能力。

二、力量素质的练习方法

毽球运动力量训练可采用如下方法：

（1）侧对肋木站立，左（右）手握肋木，左（右）腿支撑，右（左）腿尽量向上摆踢。

（2）利用双杠，做快速提拉大腿练习。

（3）横跳体操凳。

（4）原地团身跳。

（5）肩负杠铃，伸膝，做体前屈运动。

（6）肩负杠铃，前脚掌垫高 3~5 厘米，向上快速蹬起。

（7）肩负杠铃，半蹲跳。

（8）肩负杠铃，做快速半蹲起。

（9）垫上仰卧快速折叠起。

（10）肩负杠铃，成正弓步，两腿交换跳。

（11）肩负轻杠铃，做直膝跳。

（12）垫上仰卧两脚夹球，做快速收腹举腿。

（13）单杠悬垂举腿。

（14）连续蛙跳。

第三节　耐力素质训练

耐力素质是指人体在长时间活动中克服疲劳的能力。耐力是衡量身体健康水平的一个重要标志，它对其他素质的发展和运动成绩的提高具有极其重要的作用。毽球比赛不受时间限制，比赛队员要不停地移动、跳跃、起球和快速跑动救球，有时一场比赛的时间长达 1 个小时，大型比赛每天要完成两场比赛的任务。因此，毽球运动员如果不具备缺乏较好的耐力素质，就不能取得比赛的最后胜利。

一、耐力素质的种类

根据与专项运动的关系，耐力素质可分为一般耐力和专项耐力。

1. 一般耐力

一般耐力是指运动员普遍应具备的长时间活动能力。一般耐力的发展水平由心血管系统、呼吸系统和神经系统的机能能力决定。因此，培养一般耐力首先要提高心血管系统和呼吸系统的工作能力。

2. 专项耐力

专项耐力是指运动员有机体为了提高专项成绩，最大限度动员机能能力，长时间地承受专项负荷，并保持工作的能力。毽球运动员的专项耐力包括速度耐力、弹跳耐力和比赛耐力等，它取决于一般耐力的发展水平和采用与毽球项目近似的或有密切联系的训练手段和方法进行的耐力训练水平。

二、耐力素质的练习方法

1. 一般耐力练习

较长距离的变速跑，进行大强度的篮球、足球训练，中等强度的速度跑、越野跑以及单纯地延长某种训练等方法均可以有效地发展一般耐力。运动时，心率应控制在 150 次/分。

2. 弹跳耐力练习

弹跳耐力的练习方法较多，例如，以自身弹跳高度的 80% 为标准，连续跳 30 次为一组，跳若干组（组间休息 2~3 分钟）；连续收腹跳 8~10 个高栏架；连续跳上 60~80 厘米高台；个人连续攻 20~30 次手抛球的多球练习等。

3. 移动耐力练习

移动耐力的练习可采用跟随教练员手势连续向前、后、左、右的移动练习；也可采用结合场地编排各种滑步、转身、变向、后退、跨步等步法的循环训练方法；还可结合球进行个人的连续移动后的起球练习。

4. 踢腿耐力练习

在毽球比赛中，脚攻是得分的主要手段，脚踢不高、缺乏耐力就很难坚持到比赛结束。踢腿耐力可采用 30 秒或 1 分钟连续向上踢腿、连续完成 20~30 次的脚攻练习、连续 20~30 次踢腿击打树叶练习和连续的各种举腿练习等方法。

5. 比赛耐力练习

比赛耐力的强弱是各种耐力素质的综合体现。练习方法有：采用连续 5~8 局练习比赛；象征性毽球攻防对抗比赛，要求每完成若干次进攻后交换，连续完成若干组；教练在场外抛球的单踢（一对一）比赛等。

第四节　灵敏素质训练

灵敏素质是指人体在各种复杂的条件下，快速、协调、准确、灵活地完成动作的能力。灵敏素质是正确而迅速地掌握和运用各种运动技战术的重要素质之一。在毽球比赛中，迅速起动、快速变换方向以及从一个动作忽然变为另一个动作等一系列技战术运用，都需要高度的灵敏性。灵敏素质是运动员运动技能和各种素质在运动活动中的综合表现，是一种复杂的素质。

灵敏素质的练习方法：

1. 加强多种素质练习

灵敏素质与力量、速度、耐力和柔韧等素质有着密切联系，因此，加强这些素质的训练，有利于灵敏素质的提高。

2. 加强多种反应练习

在快跑中根据信号进行起动、急停、后退跑、转身跑或变向跑练习，特别是以视觉为主的各种专门练习方法，也可结合球做各种反应练习。

3. 加强时间感和空间感练习

选择的练习方法应多和球结合，练习中应在方向、速度、弧度、节奏和落点等方面提出严格要求。只有这样，才能提高运动员对时间和空间的判断能力和反应能力。

4. 垫上技巧体操练习

要求队员在垫上做各种滚翻、手翻、倒立和各种跳跃练习以及各种动作间的串联练习。

5. 灵敏性游戏

在灵敏性游戏的设计、选择和运用中，要注意将思维判断、快速反应、协调动作、节奏感等内容有机地结合起来，以达到最佳的练习效果。如互相拍肩游戏、形影不离游戏、单双数互追游戏、两人背手看数游戏、抢断球游戏等都是训练毽球运动员灵敏性的极好方法。

第五节　柔韧素质训练

一、柔韧素质概述

柔韧素质是指人体各个关节的活动幅度以及肌肉、肌腱、韧带等软组织的伸展能力。毽球运动要求运动员身体各部分的肌肉和韧带必须具备很好的柔韧性，关节必须有良好的灵活性，特别是下肢和躯干。良好的柔韧性是毽球运动员的必备素质之一。柔韧素质好，有利于运动员正确掌握技术动作，高质量完成进攻技术动作，并可防止运动损伤。

二、柔韧素质的练习方法

（1）腹背运动。

（2）左右腿轮流单压。

（3）双人分腿互牵拉压。

（4）跨栏坐压腿、弓箭步压腿。

（5）跪坐后倒压。

（6）跪跳起。

（7）"下桥"练习。

（8）压腿练习。将脚放在一定高度上，另一腿站立，脚尖朝前，然后正压、侧压、后压。

（9）站立直压腿。

（10）竖劈腿。

第七章
花毽技术练习与训练方法

第一节 花毽概述

花毽运动，已有2 000多年的历史，是我国一项流传很广，有着悠久历史的民族体育运动，它还有个富有诗意的名字——翔翎。

2 000多年来，它经历多次时代变革，却依然在民间广为流传。中华民族5000年灿烂的文化是花毽的灵魂。

汉代画像石上的蹴鞠图（图7-1）佐证花毽富有深厚的文化底蕴。图7-1说明汉代的蹴鞠就已开始从片面的健身向艺术展示方面发展，古人将其用画像石的方式记录下来，为我们研究花毽的起源及文化内涵提供了宝贵的材料。

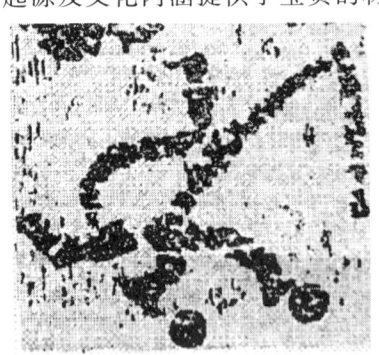

图7-1 汉代画像石上的蹴鞠图

此后，各朝各代的文人墨客对花毽十分关注。如唐代释道宣撰写的《续高僧传》、北宋高承编撰的《事物纪原》、南宋周密创作的《武林旧事》、明代刘侗和于奕正共同撰写的《帝京景物略》、清代潘荣陛编撰的《帝京岁时纪胜》、清代阮葵生著的《茶余客话》等文学作品中均有对花毽的记载和描述，这也给花毽注入了丰富的文化内涵，形成了毽文化。

2000年来，花毽经历了风风雨雨，终于走进了体育比赛的殿堂。1988年，在天津举办了第一届全国花毽比赛，这极大地推动了花毽的开展。1996年、

1999年花毽分别被列为全国农民运动会和全国中学生运动会的比赛项目，全国少数民族运动会也把花毽列为正式比赛项目。

全国各地的花式踢毽运动开展得如火如荼，参加花式踢毽的爱好者越来越多，辽宁省丹东市在全市241万人口中，就有50万人踢毽子。每天早晚，广场上、公园里、小区内，踢毽的人群随处可见，彩毽飞舞，人群欢笑，这是丹东市的一大奇观和一道亮丽的风景线。2004年9月，经国家体育总局批准，中国毽球协会正式授予丹东市"全国毽球城"的称号。

2004年9月8日，中国毽球协会第四届代表大会在辽宁省丹东市开幕，《中国毽球协会第三届委员会工作报告》第一部分就指出："毽球特别是毽子，在丰富大众文化生活、占领体育文化阵地、推动体育产业发展等方面作出了积极的贡献。"花毽的实效得到了肯定。在第二部分中也指出了花毽存在的不足，如花毽竞赛规则和裁判法等一系列规章制度未见出台，由此导致协会的管理力度不大，号召力不强。从事花毽或者毽子的高水平教练员更是寥寥无几。

因此，中国毽球协会在做好毽球工作的基础上，把工作重点转向了花毽，并在"工作重点"中强调要加大开展毽球运动的工作力度，积极规范和倡导全民健身毽子活动，使毽子这一中华民族的传统体育项目在贯彻实施《全民健身计划纲要》的实践中发挥积极作用。同时，提出了如下几点计划：

（1）制定毽球运动的发展战略，认真探索毽球运动在市场经济条件下的发展方向。

（2）组织专家挖掘和整理民间毽球运动的基本动作和套路，创编1~2套花毽或毽球规定动作并制作教学光盘。

（3）举办不同层次的毽球培训班，推广新的规定动作。

（4）举办花毽比赛，推广和实验规定动作。

（5）组织技术人员编写花毽比赛规则和裁判法，使花毽运动走上规范化发展道路。

第二节 花毽的基本踢法技术练习与训练方法

花毽的基本踢法有盘踢（足内侧踢）、磕踢（膝盖踢）、拐踢（足外侧踢）和绷踢（足尖外三趾踢）4种。全国各地的花毽，无论何种风格特点，其踢法基本上都是上述4种。

一、盘踢（足内侧踢）

1. 动作要领

用足内侧互换踢毽，稍上摆，髋关节和膝关节放松，踝关节内收，屈膝，髋关节外展、外旋，用足内侧将毽子垂直踢起，踢起的毽子一般不超过下颌（图7-2）。

2. 练习方法

一般人的左足没有右足灵活，没有踢过毽子的人，右足也能踢一两次，所以，练习时以左足先开始为宜，即先用左足踢起一次，起球要垂直，用手接住，右足再踢一次用手接住。较熟练后，连续踢。左、右足都可以连续踢后，改为左、右两足各踢一次接住、各踢两次接住、各踢三次接住、各踢四次接住……灵活熟练后，就不用再接，踢的次数越多越好。

图7-2　盘踢

在练习中，队员常出现膝关节外展不足、向上摆动过大等动作错误，对此，教练员要耐心给予纠正。踝关节发力不足，也是初学者容易出现的问题，这时，教练员可带领队员进行足内侧"托毽"练习，方法是用手将毽子放在足内侧，随着教练员发出的"起""落""抛""接"的口令进行上下摆动练习，这可克服踝关节发力不好的问题。

二、磕踢（膝盖踢）

1. 动作要领

用两腿膝盖互换将毽子击起的踢法。髋关节、膝关节放松，小腿自然下垂，膝关节发力，将毽子击起，击毽处为膝关节上约10厘米，足尖向下，大腿不要外展或内扣，大腿与小腿的夹角约90°，踢起的毽子一般不超过下颌（图7-3）。

2. 练习方法

练习时，用手抛起毽子，用膝盖磕起，然后用手接住，一磕一接。熟练后不用手抛毽子，改用盘踢，一磕一盘，协调后两膝互换，踢的次数越多越好。

图7-3　磕踢

在练习中，队员最容易犯的错误是髋关节发力，纠正的方法是让队员将手向前伸出，掌心向下，高度与腰部平齐，教练员用膝盖撞击队员的手掌，让队员体会正确发力的感觉。

三、拐踢（足外侧踢）

1. 动作要领

用两足外侧互换踢毽，髋关节、膝关节放松，踝关节发力，向体后斜上方摆动，勾足尖，踢毽时大腿不得摆到体前，小腿向体后斜上方摆动不要过高，毽子和足外侧相碰的瞬间，踢毽脚的内侧离地面一般不超过30厘米，踢起的毽子高度随意（图7-4）。

2. 练习方法

练习时，可采用盘踢一踢一接的练习方法。为了避免动作出现错误，练习时，踢毽脚一侧可向墙或树木等，身体与墙距离约等于体宽，如果踢毽脚踢时碰到墙或树木，即是错误动作。错误动作出现的主要原因是小腿上摆过大或膝关节摆向体前过多，可采用空踢的练习方法予以纠正。练习时，身体要保持直立，不要低头。

图7-4 拐踢

四、绷踢（足尖外三趾踢）

1. 动作要领

绷踢是用两足尖外三趾部分互换踢毽。绷踢能踢起即将落地的毽子。绷踢时，大腿向前抬起，与身体的夹角为150°~160°，小腿向前摆动，髋关节、膝关节放松，在踢毽子的瞬间，踝关节发力，足尖外三趾向上猛地发力将毽托起。踢起的毽子可高可低，但应避免忽高忽低，为以后的花样踢法打下基础（图7-5）。

2. 练习方法

练习时，可采用盘踢一踢一接的练习方法，但在开始练习时，踢的高度要略低一些，一般不超过腰部，如果高度再低一些，就可以提高踢的次数。为了避免动作出现错

图7-5 绷踢

误，练习时可面向墙壁或树木，身体与墙距离约等于体宽，如练习时踢毽脚碰到了墙或树木，即是错误动作，原因是膝关节没有放松，大腿抬得过高。可采用空踢的练习方法予以纠正，要求加大小腿的摆动，练习时，上体不要向前弯曲得过大，以保证动作的准确性。

五、训练小结

盘踢、磕踢、拐踢和绷踢4种基本踢法有着极其密切的联系，能起到相互补充、相互促进的作用。因此，4种踢法不得偏废，初学时也不要急于求成，宜先练习盘踢至百数，在此基础上。再练习其他三种踢法，这样才能为以后练习花样踢法打下较好的基础。基本踢法练习要注意以下三个方面：

（1）教练员首先要充分了解基本踢法的动作要领，掌握动作的重点和难点，并能及时地发现和纠正队员的不规范动作，对队员的进步都要给予鼓励，

激发其积极性,这样才能使队员有较快的提高。

(2)队员在练习时,要不断揣摩动作要领,逐步提高对动作的理解,用心练习。就盘踢而言,有的队员能连续踢多次而不失误,基本功非常扎实,但其动作总让人感觉笨拙,即使穿插三四个花样踢法,动作依旧不美观,这其中既有教练员的原因,但更主要的是队员缺少对动作的理解。

(3)队员要树立自信心,克服畏难情绪。花毽并不神秘,遇到困难是正常现象,不要灰心。假如练习某一动作时缺乏感觉,可暂停练习两三天,先练习其他动作,然后再继续该动作的练习,这样往往可取得较满意的效果。

第三节　静止部分技术动作练习与训练方法

运动是绝对的,静止是相对的,这一道理也适用于花样踢毽。花毽的静止是相对于毽子的运行轨迹而言的。上行下落是毽子的运行轨迹,当毽子沿着其固有的轨迹下落时,人们用各种花样的动作,将毽子接在人体的某一部位,使毽子的运行轨迹中断,不再继续下落,即为花毽的静止。

初习踢毽者在熟练掌握了4种基本踢法后,可进行静止动作里接、外落的练习,这是练习花样踢毽的有效方法。

一、里接(足内侧接停)

1. 动作要领

用各种踢法将毽子在体前垂直踢起(可用手抛起),高同髋关节平齐,髋关节放松,膝关节稍紧张,踝关节紧张并发力,带动小腿、大腿上摆,用足内侧上迎下降的毽子,当毽子距足内侧10厘米左右时,踝关节发力下摆给予缓冲,将毽子接在足内侧。毽子接在足内侧后,髋关节放松,膝关节紧张,踝关节紧张并发力,带动小腿、大腿上摆,将接住的毽子垂直抛起,高度与腰部平齐,抛毽腿迅速还原成直立腿,同时用另一腿按接毽的动作要领将毽子接在足内侧,形成两腿互换(图7-6)。

图7-6　里接

2. 训练方法

训练时,可根据练习者的习惯先进行单腿练习。先采用手抛的方式只进行"接"的练习,特别是缓冲的练习。等"接"的动作熟练后,再采用踢起毽子的方式进行"接"的练习,熟练后,再进行"抛"的练习。"抛"的练习要强调踝关节发力,如练习者找不到感觉,就需要教练员双手扶住练习者的脚向上摆动,帮助练习者找到踝关节发力的感觉。一腿"接""抛"熟练后,再进行另一腿的练习，如此可较容易掌握动作要领。

二、外落（足外侧接停）

1. 动作要领

用各种踢法将毽子在体前垂直踢起，高同腰部平齐，髋关节放松，膝关节稍紧张并稍内扣，小腿自然下垂，踝关节紧张，外三趾向上勾起并发力，带动小腿、大腿向上摆动，用足外三趾部位上迎下降的毽子，当毽子距外三趾部位约10厘米时，踝关节发力下沉给予缓冲，将毽子接在外三趾部位。接住毽子后，髋关节放松，膝关节、踝关节紧张，膝关节发力上摆，将接住的毽子抛起，用另一足外三趾部位将毽子接住，形成两腿互换（图7-7）。

图7-7 外落

2. 训练方法

同里接的练习方法，练习者膝关节发力不准确时，教练员要双手扶住其膝关节上摆，帮助练习者体会发力的感觉。

三、训练小结

练习静止动作时，需要注意动作的准确性，用接毽的部位上迎下落的毽子，不要等毽子下落。当下落的毽子距所接部位10厘米左右时，接毽部位下沉，给予缓冲，接住毽子之后，停顿时间一般为2秒，时间过长，有沉闷感，而时间过短，则缺乏截断感，不会引起人们注意。

一般来讲，应先进行里接练习，熟练后再进行外落练习。有人提出里接的难度大于外落的难度，先进行里接练习，后进行外落练习，是否违反了先易后难的原则。仅就这两个动作比较而言，确实有违背先易后难的原则之嫌。外落的动作用足外三趾部位将下降的毽子接住，它符合人体的生理结构，顺势、顺劲，较易完成。而里接是用足内侧将毽子接住，其动作毕竟要外展膝关节，小腿要上摆，有些不顺势、不顺劲之感，因此，难度略大于外落。但从花毽总体技术上讲，里接这个动作是衔接其他部分动作的基础。先进行里接练习，形成动作定型后，再进行外落练习，这样就比较容易，因为外落的动作完全符合人体生理结构的特点，不需要克服任何不利因素，便可掌握。如果先进行外落练习，动作定型很快就会形成，这时再去练习里接动作，就需要克服已经形成的动作定型，反而增加了学习里接动作的难度，而导致动作变形、不准确。因此，先进行里接练习，恰恰是遵循了先易后难的原则。

第四节 绕转部分技术动作练习与训练方法

花毽的绕转部分动作可分为绕转部位、绕转方向、绕转方位和绕转度数

4个部分。绕转部位包括踝关节部位、小腿部位、大腿部位；绕转方向包括里外绕、外绕转、逆绕转；绕转方位包括上绕转、前绕转、后绕转；绕转度数包括360°绕转、720°绕转、1 080°绕转。其中，要重点说明的是绕转方向。绕转方向是根据人体的生理特点来划分的凡是顺时针的绕转动作，不分里外，均为反绕转；凡是逆时针的绕转动作，不分里外，均为正绕转（以右脚为例）。

各种绕转动作，相互之间都有密切的联系，由此演变出多种变化，又因联系的不同而形成了不同的难度。如果仅从难度上讲，大腿部位的绕转>小腿部位的绕转>踝关节部位的绕转，逆绕转>外绕转>里绕转，上绕转>后绕转>前绕转，1 080°绕转>720°绕转>360°绕转。

一、缠绕360°

1. 动作要领

用各种踢法将毽子在体前垂直踢起，高同髋关节平齐，当毽子下降到膝关节时，一腿直立，另一腿髋关节、膝关节放松，踝关节紧张，小腿自然向里做圆周摆动，同时用足内侧后根部，向上撞击下降的毽子，使毽子稍有上升并在空中翻转一周，用足内侧将毽子接住或绷踢（足尖外三趾踢），将毽子踢起（图7-8）。

图7-8 缠绕360°

2. 训练方法

练习时，可先用足内侧后跟部撞击毽子，撞击起的毽子稍有上升并在空中翻转一周，即完成了搂腕（活串腕）一半以上的动作。待动作熟练后再进行绕转的练习，就容易得多。

二、训练小结

花毽绕转运动，以其流畅的运动轨迹、优美的动作、多样的变化、较强的可视性受到毽友们的喜爱。一些毽友把能否掌握720°绕转作为衡量踢毽水平高低的标准。但由于720°绕转有一定难度，练习时应先易后难。

先易后难包含两个方面：一是指练习绕转的动作时要先易后难，毽友可根据个人的身体条件安排练习内容，一般可先进行360°踝关节部位的里绕转，熟练后再进行720°的里绕转。二是指在练习绕转的动作之前，要以有较好的盘踢和熟练的里接、外落为基础，如果没有这个基础，最好不要提前进行绕转动作练习，以防止动作做得不准确。

为确保练习的效果，还要注意"跳杆法"的正确练习。开始时，以足尖为先导，围掸子绕转，最好不要碰着掸子的羽毛，但也不能绕转过大，实际上掸子的羽毛形成的外圆，就是绕转动作圆的大小。因此，练习时最好使用掸子，尽量不要使用代用品，利用掸子规范动作，不易出现错误或不准确的动作。另外，由于掸子有很多羽毛，练习时一旦出现错误动作，掸子的羽毛可以起到保险的作用，防止脚部受伤。建议在教练员的指导下进行练习，效果会更好。

第五节　跳跃部分技术动作练习与训练方法

跳跃部分的动作，从起跳时人体重心的变化情况来看，可分为掌腰（即起跳时，人体重心随起跳上移）和不掌腰（即起跳时，人体重心不随起跳上移）两种；从毽子上行下落的方位上来看，可分为体前、体后、体侧三面；从动作的连续性上来看，可分为续、换、悬三种；从动作的特点上来看，可分为屈腿摆动跳跃、直腿摆动跳跃、绕转跳跃、静止跳跃4种。

一、单飞燕（跳踢）

1. 动作要领

用各种踢法将毽子在体前垂直踢起，高与肩部平齐。毽子下降时，左腿髋关节放松，小腿自然下垂，膝关节发力上摆，同时右腿发力起跳，右踝关节发力向左上方摆动，用右足内侧将下降的毽子踢起，两腿还原成直立腿（图7-9）。以左腿为主者可从右腿开始。

2. 训练方法

进行空跳练习。练习前要做好下肢的准备活动，以防伤害事故的发生。

图7-9　单飞燕

二、训练小结

具体练习时，先进行"空跳"练习（"空跳"是暂不使用毽子，只按动作的要领练习）。"空跳"的方法是一腿伸直向体前上方摆动，与身体约成直角，同时另一腿发力起跳，并做足内侧踢的动作。双足落地后，再以同样的动作起跳，连续完成多次，称为"续"；如左右互换起跳，称为"换"；如一腿向体前上方摆动后，在一定的时间内不再落地，一直保持同身体的直角，只是起跳脚落地后，再发力起跳，连续完成数次，称为"悬"；如果在起跳时，上摆腿同时向左或向右水平摆动，称为"直腿摆动跳跃"；如屈膝，小腿自然下垂，则是屈腿摆动跳跃、绕转跳跃。

"空跳"练习强度要根据个人的身体条件而定，一般以连续完成 10 次为一组，每次练习以 5 组为宜，年岁较大者可放弃跳跃动作，其他动作仍可使身体得到锻炼。待"空跳"较熟练后，再使用毽子进行练习。

三、花毽高难度动作

花毽还有许多难度较高的动作，简单介绍如下。

1. 磕落

动作要领：将毽子在体前垂直踢起，高与腰部平齐，右腿大腿向上抬起，小腿自然下垂，绷脚背，当毽子下降时，腿部向下落给予缓冲，将毽子接停在脚面上，大腿带动小腿发力将脚面的毽子体前垂直踢起，高与腰部平齐，右腿随即改成磕踢的动作，用膝盖最前端的部位将毽子磕起，毽子高度约至腰部，当毽子下降时再用右脚面将毽子接停，可左右互换练习（图 7-10）。

图 7-10　磕落

2. 跳门坎

动作要领：

（1）右腿按"里接"动作将毽子接在右足内侧，右腿髋关节，膝关节，踝关节紧张。右足带毽停在左足前面，右足跟离左足 20 厘米，左膝关节微屈，前脚掌发力起跳，同时大腿向上摆，小腿自然下垂，左足从右足毽子的上面跃过，到右足前成直立（图 7-11）。

（2）左足跃过后，前脚掌着地，膝关节微屈缓冲，左前脚掌起跳，从带着毽子的右足上方跃回，然后将毽子抛起，接踢其他动作，左腿动作与右腿相同。

图 7-11　跳门坎

3. 过腿

动作要领：将毽子在体前抛起用右脚内侧接停，支撑腿左腿直立（可适当给予缓冲），右腿髋关节放松、膝关节外展外旋、踝关节紧张，向上提起绕至支撑腿左侧后方，将毽子向体前抛起，右腿绕至正前方足内侧接停毽（图 7-12）。

4. 里卧鱼

动作要领：毽子接停在右脚足内侧，将毽子在体前垂直抛起，屈膝抬起小腿自然下垂，右踝关节紧张，用脚内侧上迎下降的毽子，踝关节发力带动小腿稍向下摆给予缓冲，将毽子接在右足内侧，左腿动作与右腿相同（图 7-13）。

图 7-12　过腿　　　　　　　　　图 7-13　里卧鱼

5. 毽上前额

动作要领：用各种方法将毽子在体前踢起，高过头约 20 厘米，不宜过高，抬头眼睛看毽子底托，毽子下降离前额 10 厘米左右，抬头上迎下降的毽子并给予缓冲，将毽子停在前额上（图 7-14）。

6. 后底接毽

动作要领：将毽子在体前垂直踢起，高过头 1 米以上，眼睛看毽托，毽子下降时，左腿支撑站立，同时右腿屈膝向后抬起，将毽子接在右足底上，成后底姿势，接住后，可按后底动作要领把毽子抛起，左腿动作与右腿相同（图 7-15）。

图 7-14　毽上前额　　　　　　　图 7-15　后底接毽

7. 双飞燕

动作要领：双腿自然站立，将毽子垂直抛起，右腿屈膝向上抬起，小腿自然下垂，同时左腿发力跳起，左腿屈膝向侧后方摆，毽子下降时用左脚内侧脚心处将毽子踢起，左右脚动作相同（图7-16）。

8. 平底登云

动作要领：将毽子放在地面上，左足离毽子30厘米左右，右腿髋关节放松，膝关节伸直，勾脚尖，脚尖向右，用右踝平行对准毽子的羽毛，绷足面，将毽子夹住，夹住毽子后，右踝关节发力，小腿向侧右后上方摆起，大腿稍向内扣，同时，踝关节放松，将毽子从身体右侧抛到体前，高约同髋关节（图7-17）。

图7-16 双飞燕

图7-17 平底登云

9. 空中捞月

动作要领：将毽子在体前垂直踢起，高与髋关节平齐，当毽子下降到膝关节时，右腿髋关节、膝关节放松，右足跟向左，勾脚尖，脚尖向右，小腿向上摆，膝关节弯曲，用右足后踝对准毽子的羽毛，绷足面在空中用足跟部将毽子夹住（图7-18）。

10. 前底接毽

动作要领：用各种踢法将毽子在体前垂直踢起，毽子下降时右腿向前抬起与身体成最小的夹角，同时右脚勾脚尖，右手握住右踝关节部位，成朝天蹬动作，使毽子落在前底上稍停顿，然后将右手松开，右腿自然还原成直立，毽子自然下降，接其他动作，左腿动作与右腿相同（图7-19）。

图 7-18　空中捞月　　　　　图 7-19　前底接毽

第六节　基本功练习

踢毽子有盘踢、磕踢、拐踢、绷踢 4 种基本踢法，这是学习花样踢毽的基础。随着花样动作难度的不断提高，只满足于 4 种基本踢法，就很难完成高难度的动作。因此，还需要有较好的腰腿功夫，也就是基本功，只有这样，才能使花样踢毽水平达到较高级的阶段。

基本功练习，必须由有一定经验的教师指导，这对青少年来说尤为重要。

一、腿功

1. 正腿

动作要领：练习者距与胸部同高的横杆（平台）60～80 厘米，面对自然站立。左腿站立，足尖向前，左手扶住右腿膝关节，右手托起右足跟部，使小腿向上抬起，大腿随之上抬，与身体成最小角度后，将右足跟部轻轻地放在横杆（平台）上，双手按住膝关节，挺胸收腹，肩部发力，使上身前后震动数十次，这就是腿功的"压"。然后，双手抱住右腿，前额或下颌靠在右腿上不动，停留一段时间，时间长短自行掌握，这就是腿功的"耗"（俗语称闻靴）。上身抬起后，原地向左转，右腿随身体的左转自然离开横杆（平台）并保持原有高度，这就是腿功的"空"。这时被"空"的右腿会慢慢下垂，练习者要全力坚持，时间越长越好，直至右腿与身体的夹角大于 90°时再将腿放下，右手扶住横杆（平台），原地大幅度地前后摆动数十次，身体放松。左腿的练习同右腿。

注意：练习时，一定要按动作要领进行，初学者的横杆（平台）高度可适当放低一些，并不要急于将前额或下颌放在足尖处。另外，必须要进行大幅度的摆腿，否则容易受伤。

2. 侧腿

动作要领：按正腿的练习方法，将左腿足跟部放在横杆（平台）上，原地向右转，右臂压放于耳后，左臂放于胸前，肩部发力，身体向左震动数十次，然后右手握住左足上部，头放在脚踝部不动，时间自行掌握，上身抬起后，将腿放下，右手扶住横杆（平台），左腿大幅度地左右摆动数十次，身体放松。右腿的练习同左腿。

二、腰功

1. 甩腰

动作要领：两腿开立，宽于肩，两臂上举，上身前后大幅度摆动。

2. 涮腰

动作要领：两腿开立，宽于肩，上身前倾，以腰为轴，两臂自然前伸，从左向右绕转一周，再从右向左绕转一周。左右互换，连续环绕数十次。

以上是腰腿基本功的练习方法，练习者可根据身体条件进行练习，腿功的练习，除上述的"耗""压""空"之外，还有"搬""踢"两种方法，练习这两种方法时，必须由有一定经验的教练员亲自指导，以防伤害发生。

第八章
花毽技术套路与编排

第一节 花毽技术套路的编排

中国踢毽子已有2 000多年的历史，仅传统花样踢法就有百余种之多。毽子被踢起以后，人们用各种不同的动作让毽子"飞舞"，这就是花毽的魅力之所在。

可对这百余种传统的花样进行分类：花毽从动作的部分可分为跳跃、静止（平衡）、绕转三个部分；从毽子上行下落的方位可分为体前、体后、体左、体右四面；从毽子运行轨迹可分为上、中、下三类；从动作的难度可分为三级、二级、一级、超一级四种；从动作的特点可分为开展、灵巧、连贯、断续、前后、里外、高低、冷脆八样。这四面、三类、四种、八样皆从属于跳跃、静止（平衡）、绕转三个部分。通过对以上分类的解析，有助于对于花毽技术套路进行编排。

大凡物体，都有动静之分，毽子是物，本身不动（内在运动不是我们研究范畴），踢之使动，动后又使静，动静之间，花样生焉。由此可见，一套花毽动作的编排是否合理，与跳跃、静止（平衡）和绕转这三个部分有着直接的联系。其中，跳跃部分可认定为"动"，静止（平衡）部分可认定为"静"。动、静两因素皆备，则花样生焉，这是编排一套花毽动作的前提。但如果一套动作中，只有动、静这两个部分，作为一般练习，如以健身为目的没有问题，但若用于比赛，则不尽合理。原因在于毽子的运行轨迹是一成不变的上行下落，跳跃部分的"动"和静止部分（平衡）的"静"，其运行轨迹也是上行下落，在一套动作中，两个相同的轨迹同时出现，就不尽合理了，这就需要用一种不同的轨迹，来截断这两个相同的轨迹，使之相互碰撞，产生节奏。绕转部分的运行轨迹是圆周形的，能起到截断、碰撞的作用。因此，这三个部分缺一不可，编排时均需具备才合理。

然而这里所强调的三个部分，也只能是宏观上的理解，如一盘棋的开局；

从属于三个部分的"四面、三类、四种、八样",则是微观上的理解,如一盘棋的中盘和实空。一盘棋,开局虽好,而中盘误算,则可能导致满盘皆输,花毽套路的编排亦是如此。因此,宏观及微观都不能有偏差,这样才能编排出合理的套路。

在花毽比赛中,经常看到一些基本功扎实、动作熟练的运动员,编排的比赛套路中虽有宏观的三个部分,但缺少微观的处理。也有一些运动员表现为过多地强调微观的某一部分,如动作有一定难度,具体的花样也不少,但缺少层次的变化,没有节奏。

一套合理的花毽技术套路,应当是宏观和微观的统一。如连贯的动作,以求其绵,使之平稳,完成次数较多,但一般不超过6次;高大的动作,以求冷脆,以求其神,如跳跃动作的发力要大,动作干净利索;乖巧的动作,以求截断,以求其碎,使之醒目,如踝关节部分的各种动作,不要全部或过多地使用足外侧。花样变换时,宜求连,使之气足,如一动作转换另一动作时,不宜使用截断的动作。一套较合理的花毽动作编排,应当是上下兼顾、层次分明,有体前、体后,加大反差,动静结合,节奏感强。

第二节 花毽套路介绍

一、花毽套路体系

花毽套路是由两个以上花样组成的,它们相互演变成各种踢法。花样套路不仅便于记忆,而且适于练习。在编制套路和设计动作时,继承和发扬了传统的技法,它可分成初级阶段、中级阶段和高级阶段,每一阶段可结合群体的不同来创编花毽套路,以达到科学健身的目的。

在花毽套路体系中,三个阶段的花样踢法有所不同,但对动作的要求是一致的,即都要求:"准",即动作准确,不失误或少失误;"稳",即动作不慌乱,精神要集中;"脆",即动作要干净利索,不拖泥带水;"巧",即动作灵活巧妙,美观大方。

1. 初级套路

以花毽基本的盘、拐、磕、蹦踢等踢法为基础创编初级套路,面向没有任何花毽基础的群体。

2. 中级套路

在初级套路的基础上创编中级套路。中级套路以花毽的盘、拐、磕、蹦踢为基本踢法,增加了跳踢、抹踢等动作以加大套路的难度,也提高了观赏性。中级套路适用于有一定花毽基础,技术动作比较熟练的群体。

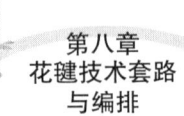

3. 高级套路

在中级套路的基础上创编高级套路。套路中增加了难度较大的绕花、拉燕、急停等动作,套路的观赏性强。高级套路适于花毽技术熟练,技法娴熟的群体。

二、甲组规定动作说明及要求(表 8-1)

表 8-1　甲组规定动作说明及要求

动作	动作说明及要求	动作分值
预备姿势 盘踢(足内侧互换踢)	运动员一手平托毽子站立,将毽子在体前抛起,最低高度应为运动员身高的两倍,用右足内侧将下降的毽子接住(图 8-1 之动作 1),停留 2 秒,但足内侧不得着地,然后用接毽子的右足将毽子抛起,完成左右两足互换里接动作,连续完成 4 次	0.4 分
磕转身 (膝盖连踢并 向左转体 90°)	第四次里接动作完成后,毽子落在右足内侧,再将毽子抛起,用左膝盖将毽子踢起。左右互换,连踢 4 次,向左转体 90°(转体时应一次转过,不应边磕边转),继续连踢 4 次再向左转体 90°。第四次转体后,运动员回到原来面向,再磕踢 4 次,共计 20 次(图 8-1 之动作 2)。转身时双足始终在一个点上转动,行程不得为圆形	0.4 分
上前额	第二十次磕踢后,运动员用足尖(绷踢)将毽子踢起,使毽子落在前额上,让毽子在前额上稍停留,用头部将毽子向体前抛下,再用绷踢将毽子再次踢上前额,连续 3 次(图 8-1 之动作 3)。在毽子上前额时,双足不应前后移动	0.6 分
拉燕 (足面停毽接后摆腿)	第三次从前额上将毽子甩下后,运动员用右足面将毽子接住,向后摆腿,使毽子自体后经头上至体前,完成一次拉燕动作。左足内侧盘踢一次,右足再完成一次拉燕。共完成 3 次(图 8-1 之动作 4)。动作应高、直,运动员不应向前或倒退,更不可转体	1 分
搂腕 (足内侧碰 毽接绕 360°)	第三次拉燕动作完成后,左足盘踢一次,右足连续完成 3 次搂腕,搂腕动作之间不得用任何动作调整(图 8-1 之动作 5)	0.9 分

续表

动作	动作说明及要求	动作分值
交踢 （跳起屈腿交叉足内侧踢）	完成第三次搂腕动作后，用绷踢将毽子踢过头，运动员立即连续完成左右互换跳踢4次，每次应过头部（图8-1之动作6）。运动员的活动面积不应过大且不可转体	0.9分

注：本表是以右腿踢毽的运动员编写的。以左腿踢毽的运动员可按表中要求，从右腿开始第一次盘踢，其中，磕转身可向右转体90°。

动作1　　　　　　　　动作2　　　　　　　　动作3

动作4　　　　　　　　动作5　　　　　　　　动作6

图8-1　甲组规定动作

三、乙组（学生）规定动作说明及要求（表 8-2）

表 8-2　乙组（学生）规定动作说明及要求

动作	动作说明及要求	动作分值
预备姿势 盘踢（足内侧互换踢）	运动员一手平托毽子站立，将毽子在体前抛起。从左足内侧踢开始，左右足内侧互换踢毽子 10 次（图 8-2 之动作 1）	0.8 分
磕转身 （膝盖连踢并 向左转体 90°）	运动员完成第十次足内侧踢后，用左膝盖将毽子踢起，左右互换，连踢 4 次，向左转体 90°（转体时应一次转过，不应边踢边转），继续连踢 4 次，再向左转体 90°（图 8-2 之动作 2）。第四次转体后，运动员回到原来面向，再磕踢 4 次，共计 20 次。转身时，双足始终在一个点上转动，行程不得为圆形	1.6 分
落	完成最后一次磕踢后，将毽子落在右脚面上，然后将毽子抛起落在左脚面上，左右互换两次（共踢 4 次，图 8-2 之动作 3）。接毽脚不得触地	1.2 分
上前额	完成最后一次落后，运动员用右足尖将毽子踢起，使毽子落在前额上，稍停留即完成一次（图 8-2 之动作 4）	0.6 分
交踢 （跳起屈腿交叉 足内侧踢）	完成上前额后，用足内侧平踢过渡一次，然后完成跳踢 3 次。每次踢起的毽子应过头（图 8-2 之动作 5），但运动员的活动面积不应过大且不可转体。完成交踢后，运动员用手将毽子接住，还原成预备姿势	1.8 分

注：本表是以右腿踢毽的运动员编写的。以左腿踢毽的运动员可按表中要求，从右腿开始第一次盘踢，其中，磕转身可向右转体 90°。

动作 1

动作 2

动作 3

动作4　　　　　　　　　动作5

图 8-2　乙组规定动作

附录一
毽球比赛简要规则

一、一分、一局和一场比赛

（1）比赛采用每球得分制，不论发球权在何方，胜一球即得1分。

（2）一方发球失误，接发球失误或出现任何犯规，对方即得1分。

（3）先得21分或15分的队胜一局；当出现20∶20（三人赛）或14∶14（双人赛、单人赛）时，一方领先2分胜该局；当出现28∶28（三人赛）或20∶20（双人赛、单人赛）时，先获得29分（三人赛）或21分（双人赛、单人赛）的一方胜该局。

（4）比赛采用三局两胜制，先胜两局的队为胜一场。

二、抽签

（1）抽签是为了保证公平竞争，由正裁判员主持抽签，抽签获胜的一方可选择场区或发球或接发球。

（2）抽签的方法是赛前由正裁判员召集双方队长到记录台前，采用挑边器或抛硬币的方法，由猜中的一方获得首先挑选权。

（3）决胜局前，正裁判员召集双方队长再次抽签。

三、换人和暂停

（1）由教练员或场上队长提出换人请求，每局每队最多可替换三人次（一队员上场，另一队员下场为一人次）。换人时，可换一人次，也可同时换多人次。某次换人，需换两人次及两人次以上时，教练员或场上队长应向裁判员讲清楚，一人次一人次地上下。当记录员明确表示登记完毕后，正裁判员方可鸣哨继续比赛。同一队在同一间断时间内，未经过比赛过程不得请求再次换人。再次换人须经过比赛过程后才能提出。

（2）替换须经裁判员准许，一名队员离开比赛场地后，由另一名队员替换他的位置。

（3）比赛中若某队进行不合法替换，在比赛重新开始前要及时给予指出并纠正。若比赛已经重新开始，处理方法为：① 判该队犯规，对方得 1 分。② 纠正不合法的替换。③ 取消该队发生不合法替换后所得的分数。对方所得的分数予以保留。

（4）当比赛成死球时，裁判员鸣哨发球之前，教练员或场上队长可请求暂停。暂停可以单独使用，也可以连续使用。

（5）某队请求第三次暂停时，裁判员应予以拒绝，在同一局中再次发生，则判该队失 1 分。

（6）比赛中，各队的暂停和换人可以连续使用。暂停之后可请求换人，换人后可请求暂停。

（7）比赛中，某队换人过程超过 15 秒，判该队一次暂停。如某队在该局已暂停过两次，则判该队失 1 分。

（8）某队在暂停时请求换人，即使暂停时间没用完，一经提出换人，暂停即为终止。换人之后不能继续进行场外指导，应立即恢复比赛。

（9）甲队要求暂停，此时乙队不能要求换人，因为甲队暂停请求在先，乙队应在暂停结束后再请求换人。

（10）场上队长请求暂停，而场外的教练员不同意时，裁判员应同意场上队长的请求，判该队暂停一次。

四、三人赛队员的位置和轮转顺序

1. 队员的位置

（1）每局比赛开始前，副裁判员向双方教练员索取有其签字的位置表，交给记录员收存，一经交付不得更改。核对上场队员位置时，如发现某队上场队员的位置与交来的位置表不相符，应按交来的位置表予以纠正。

（2）每局已登记在记分表上的轮转顺序，在该局中不得调换，应由发球队 1 号位队员发球，直到结束。

2. 轮转顺序

（1）某队取得发球权时，应先按顺时针方向轮转，然后由轮转到 1 号位的队员发球。

（2）新的一局开始前，可以变换本队队员的轮转顺序。教练员填写好位置表后交给记录员。

3. 轮转错误

（1）接发球队获得发球权后，该队队员没有按顺时针方向轮转一个位置（2 号位队员转至 1 号位发球，1 号位队员转至 3 号位）就进行发球，即为轮转错误。

（2）轮转错误的判断。记录员应根据位置表，准确掌握各队轮转次序和发球次序，并及时发现轮转错误。

4. 轮转错误的判罚

（1）因轮转错误而发生发球次序错误的一方判失 1 分，并责令队员恢复到正确位置。

（2）根据记录员确定的轮转错误发生时间，取消该队自错误发生后的所有得分，对方所得的分数予以保留。

五、发 球

1. 发球时裁判员的分工

（1）正裁判员观察发球一方，注意发球队员有无犯规，站位有无错误，发球时同队队员是否掩护或站在场外，发出的球是否失误等。因此，正裁判员的视线不仅要观察发球队员，而且要观察发球一方场上队员的情况。

（2）副裁判员观察接发球一方，注意接发球队员的位置有无错误，是否站在场外。同时还要判断发出的球是否触及其这一侧的标志杆或其他障碍物，或是从标志杆及其延长线以外进入对方场区。

（3）发球队一方的司线员注意观察发球队员是否踏及端线、发球区短线及其延长线，是否越出发球区，发出的球是否触及标志杆或从标志杆及其延长线以外过网，球是否落在另侧场区的边线外。接发球一方的司线员注意观察发出的球是否触及标志杆或从标志杆及其延长线以外过网，球是否落在本侧场区外。

（4）记录员发现发球次序错误时，可按规则进行判罚。

2. 发球时裁判员之间的配合

（1）正裁判员鸣哨发球时或发球后，副裁判员不得允许某队教练员请求暂停或换人，如副裁判员错误鸣哨，正裁判员应予以拒绝并再次鸣哨立即恢复比赛。

（2）发球队员犯规的同时发生接发球队员犯规，即使正、副裁判员同时鸣哨，也应判发球队员犯规。

（3）发球时，司线员发现某方队员站在场外，应立即举旗向裁判员示意。是否判罚，由裁判员判定，若裁判员不予判罚，则不可坚持举旗示意。

3. 发球时的裁判方法

（1）一般情况下，当发球队员进入发球区并持球在手时，即可鸣哨发球。但应注意观察接发球一方是否有特殊情况。如有的队员因抢救险球跑出场外还未回到场内做好接发球准备，则应等该队员站好位置后再鸣哨。鸣哨之后，开始默计 5 秒的限定发球时间。

（2）球发出后，对于运行轨迹低而平的球，正裁判员应降低视线，以便观察球是否擦网。

（3）副裁判员为了便于观察接发球队员的站位是否有误，可以向接发球队一侧移动。应根据发球队员击球的一刹那接发球队队员脚的实际着地位置来判断接发球队队员位置是否有误。

4. 发球的要求及发球次序

（1）发球队员须站在本方发球区内，用手持球，裁判员鸣哨后5秒钟之内将球抛起，并用脚将球踢向对方场区使比赛进行。如果没有上抛动作，判发球队"球未抛起"犯规，并失1分。

（2）第一局和第三局由抽签获得发球权的队首先发球，第二局由对方发球。比赛中当比分出现20分平或14分平时，则实行轮换发球法，这时，发球和接发球次序不变，但每方只轮发1次球。

5. 发球失误

（1）队员发球时，踏及端线、发球区短线及其延长线。

（2）球未过网或触及标志杆。

（3）球从网下穿过。

（4）球从标志杆及其延长线以外过网。

（5）球触及任何障碍物或在进入对方场区前触及本方队员。

（6）球落在界外。

（7）发球时间超过5秒。

（8）裁判员鸣哨后球坠落在地上。

6. 发球掩护犯规

（1）发球时，2、3号位队员正确站位是站在离中线中点左右各1米以外的位置并不得有掩护动作，任何人只要有一只脚进入2米区即为违例，第一次判警告；再犯，则判掩护犯规并失1分。

（2）发球队某一队员挥臂、跳跃或左右移动有意阻挡对方观察发球队员和球的飞行路线。

7. 发球的其他注意事项

（1）裁判员鸣哨前，发球队员已将球发出，该球无效。裁判员应对其口头警告并鸣哨令其重新发球，若再犯，则判发球失误并失1分。

（2）发球时，发球队员可以从发球区进入场区空间击球，击球时发球队员的支撑脚须在发球区内。

（3）发球时，接发球队后排队员插上到前排的时间，不以裁判员鸣哨时间为准，而是以发球队员击球的时间为准，否则判犯规并失1分。

六、三人赛发球时的位置和次序错误

1. 发球时的位置错误

发球队员在击球的一刹那，双方任何一名队员没有按记分表上的位置站位，都判为位置错误。

（1）位置错误只有在发球队员击球的瞬间才可能发生。

（2）判断队员的场上位置是以其脚的着地部位为依据的。

（3）应明确"同排"与"同列"的概念及位置关系。2、3号位为同排队员；1、2号位和1、3号位为同列队员。

2. 对位置错误的判罚

（1）位置错误的队判失1分，并立即恢复到正确位置。

（2）记录员必须准确确定位置错误从何时发生，从而取消该队在位置错误过程中所得的分数，对方得分仍然有效。

（3）如无法确定位置错误从何时开始发生，则仅给予一次犯规的判罚，即判该队失1分。

（4）发球队员击球时的犯规和对方位置错误同时发生时，判发球犯规在先。

（5）发球队员击球后犯规而对方位置错误时，则判接发球队位置错误在先。

3. 三人赛发球次序错误的判定与处置

发球队员击球一刹那，发球一方未按记分表上所登记的发球次序进行发球，叫作发球次序错误。

（1）副裁判员发现某队发球次序错误时，应立即鸣哨中止比赛，并向正裁判员示意，由正裁判员判其发球次序错误并失1分，令该队恢复正确位置后，由对方发球。当记录员发现该队发球次序错误时，应立即鸣哨修正比赛并向副裁判员报告，由副裁判员向正裁判员示意，正裁判员判发球次序错误的队失1分，并令该队恢复正确的位置后，由对方发球。

（2）发现发球次序错误时，而自该次发球次序错误起连续得分至一局结束，在未交换场区前或双方已交换场地但球未发出前，仍可判罚，即取消该队从该次发球次序错误起所得的全部分数，并判该队失误，对方得分有效，令其恢复正确位置，并重新继续比赛。若新的一局比赛已在进行中，则对上一局不再予以判罚；对新的一局，双方在发球次序错误期间的得分均为有效；责令发生发球次序错误的队恢复正确位置的同时判对方得1分，即可继续比赛。若已退场则所形成的局面均为有效。

（3）处理发球次序和接发球位置错误应注意以下几个问题：① 记录员应

及时核对，发现错误立即通知裁判员；② 记录员对是否发生发球次序或接发球位置错误无把握时不要急于宣布，待仔细核查、确有把握时再通知副裁判员。其时，裁判员应立即鸣哨，停止比赛，运动员原地不动，经判罚后继续比赛。

七、比赛中对击球的规定

（1）团体赛中本方场区最多三人次四次击球，双人赛、混合双人赛为二人次三次击球，单人赛为二人次将球从球网上空击向对方场区。

无论是主动击球或被球触及，均作为该队击球一次。一人次是指一人可击一次或两次球；三人次是指每人可击球一次或一人击两次，另一人击一次；二人次是指每人可击球一次或一人击两次；其后球必须过网。

（2）当同队的两名队员同时触球时，则计为二人次击球。

（3）击球犯规。

① 团体赛一个队连续击球 5 次，即"五次击球"。双人赛、混合双人赛一方四次击球，单人赛某方三次击球。

② 手臂触球，即"手球"犯规。

③ 击球动作不合理，球在身体的某个部位停留时间过长，即"持球"犯规。

④ 一名队员连续击球三次或球连续触及身体的不同部位均为"连击"犯规。

（4）允许队员跳过广告牌或运动员席将球击回。

（5）甲队将球击向乙队，球触及场地上空障碍物判甲队犯规。

八、持球和连击

在比赛中正确地判定持球和连击是裁判员工作中的重要环节之一。比赛中只有正裁判员可以判定持球和连击。

1. 持球

规则规定，球不得明显地停留在队员身体的任何部位。若球明显地停留在身体任何部位时都应判为持球。对裁判员来说，首先要正确地理解持球的概念，这是准确判断持球的基础。判定是否持球可根据三个方面因素来考虑：① 停留时间的长短；② 击球是否清晰；③ 击球的技术动作是否合理。这三个因素不是孤立的，而是相互联系的。例如，携带球，球在脚或腿部必然有较长时间的停留，击球也不会清晰。因此，在理解规则关于持球的规定时，切不可分割为孤立的因素。判定时，应以视觉观察为主，击球时发出的声音不得作为判定的首要依据。为了便于说明判定持球的方法，现分别叙述如下：

（1）球在队员有效击球部位（除手臂外）停留时间较长。

① 任何击球动作，球在击球队员有效部位都有一定的合理停留时间，而且不同的技术动作又有不同的合理停留时间，超过了合理停留时间就应判为持球。

② 击球时，球在有效击球部位合理的停留时间有长有短。时间的长短与来球力量的大小有关，不论是哪种击球动作，只要击球清晰就不应判为持球犯规。

（2）没有清晰的击球声。

① 击球清晰是指击球动作干净、利落、快速，击球声音短促、清脆，击球的方向、高度与击球动作相符合。如击球动作拖泥带水，缓冲动作过大，击球不清晰，则应判持球犯规。

② 裁判员应把注意力放在视觉判断上，切不可仅凭球的声音进行判定。在人多嘈杂的情况下，容易造成判断失误。

③ 裁判员掌握持球的尺度应力求平稳，做到双方一致、前后一致、场场一致。

2. 连击

（1）比赛中，凡队员击球两次以上即判为连击。

（2）比赛中，球在胸部、腿部、头部有明显的滚动应判连击。

九、网上球

比赛中，双方在网上的争夺是十分激烈的，往往一瞬间可能同时出现过网犯规和触网犯规等情况。为此，裁判员必须努力提高网上球的判断能力，明确网上球犯规的动作概念并掌握好裁判的方法。

球必须通过球网上空的过网区进入对方场区方为合法。过网区是球网垂直平面的部分，其范围为：下至球网上沿；侧至两标志杆及其延长线；上至天花板。

1. 过网挡网

过网挡网是指防守队员的头部、肩部及胸部过网拦截对方的进攻性击球。过网挡网为犯规行为。

2. 过网击球

击球时，如果击球点越过球网上沿的垂直面，则判为过网击球犯规。判断时，裁判员主要是以击球点为依据，凡是击球点越过球网上沿的垂直面就应判为过网击球犯规；击球时，击球点虽在本方场区上空，但随惯性身体某部位越过球网上沿的垂直面，也应判为过网犯规。规则对网上击球的要求是非常严格的。当球将要从网下飞向对方，而球的整体尚未越过球网的垂直平面时，本队队员可以将球击回；当球的整体越过球网以下垂直平面时则为过网击球。

十、拦网

（1）拦网触球后再次击球不判犯规，算一人次两次击球。

（2）防守队员在手臂自然下垂的前提下，拦网时的手球不判违例。

（3）当发出的球整体高于球网上沿时，接发球方不能在限制区内进行进攻性的拦击，否则判"拦击发球"犯规，并失1分。

十一、界外球

（一）界外球的判定

由于比赛千变万化、难以预测，有时司线员的视线还会被队员挡住，看不清球的落点，因此，要准确地判断界外球较困难。

（1）凡是球的着地点触及界线以外的场地，即使球体的一部分仍在界线垂直面上空，只要未直接触及界线，应判为界外球。

（2）两标志杆及其延长线之间网口上沿的空间为球的有效过网区。当球触及标志杆或从标志杆及其延长线以外过网，应判为界外球。

（3）球触及场地的任何障碍物（包括球场上空固定的设备）和标志杆以外的球网、网柱、裁判台、裁判员、观众或球的整体从网下空间进入对方场区，均为界外球。

（二）司线员在界外球判断中的作用

界外球主要是由司线员来判定的。因此，正裁判员在作出判定时，应先观察司线员的旗示，这就要求司线员及时做出明确的旗示。为使判断准确，可参考以下方法：

（1）加强预判，对准界线。对界外球的判断，最好的位置是正对界线。

（2）选好角度，看准落点。

（3）相互配合。配合的方法是：① 两名司线员谁先看到界外球就由谁示旗；② 如果两名司线员都没看到球落在界外，那就说明球是落在界内，这时要大胆示旗；③ 当两名司线员判断不一致时，应以主线司线员为主。

（4）旗示正确，示旗果断。旗示应明确，必须按照规则规定执行，不可用其他的、非规范的旗示。示旗时，动作应利落、有力，要显示出判断的自信心。应避免模棱两可、犹豫不决、拖拖拉拉的旗示动作。

十二、触网犯规

在比赛中，队员身体的任何部位触及两标志杆以内的球网都应判为触网犯规（比赛成死球后除外）。判断触网犯规时，正、副裁判员应有分工和侧重。正裁判员重点观察网口上面的情况，副裁判员则重点观察网口下面的情况。一

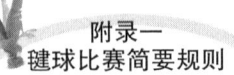

附录一
毽球比赛简要规则

般来说，当队员进攻或拦网时，由于动作的冲力过大，或当传球队员转身和拦网队员向两侧移动时，都可能发生触网犯规。在网上争夺的瞬间，副裁判员应着重观察防守一方，其视线应自下而上，先看起跳队员的摆臂动作，待该队员跳起后，再由上向下看该队员的落地动作。而正裁判员则重点观察进攻一方，其视线亦是先由下而上，再由上至下。触网犯规的注意事项：

（1）包括发球在内球越过球网时均可触网，如果球挂在网上（最后一次击球除外），则判重新比赛。

（2）队员触及 6.10 米以外的网绳、网柱时，如不影响比赛，则不判犯规。队员有意触及这些部分，而且对比赛造成影响时，则应判触网犯规。

（3）队员的衣服和头发属身体的一部分，该部位触网应判触网犯规。

（4）大力击出的球触及球网后，致使球网反弹而触及队员，则不判犯规。

十三、比赛间断

（1）某场比赛一次或数次间断累计不超过 2 小时，若比赛仍在原场地进行，间断的一局应保持原比分、原队员和原场上位置；如比赛另择场地，应取消该局的比分，重新比赛，已结束的各局保留比分。

（2）如果一次或数次间断时间累计超过 2 小时，则全场比赛重新开始。

十四、延误比赛

（1）某队以不正当行为拖延比赛继续进行称延误比赛。

（2）延误比赛的情况有：① 换人延误时间；② 在裁判员鸣哨恢复比赛后仍拖延；③ 请求不合法的替换；④ 在同一局中再次提出不符合规定的请求；⑤ 场上队员拖延比赛的继续进行。

十五、不符合规定的请求

（1）比赛进行中，裁判员鸣哨发球的同时或之后，提出请求。

（2）无请求权的成员提出请求。

（3）未经比赛过程再次请求换人。

（4）超过规定暂停次数的请求。

不符合规定的请求应予拒绝并给予警告，若同局中再次发生则判失 1 分。

十六、比赛中的严重伤害事故

（1）比赛中出现严重伤害事故时，裁判员应立即中断比赛，该球重新进行。

（2）迅速换人。如受伤队员不能进行合法替换，则给予受伤队员 5 分钟的恢复时间。一场比赛中，同一队员只能给予一次恢复的时间。5 分钟后仍不能进行比赛，则宣布该队阵容不完整，判对方该局或该场比赛获胜。

十七、不良行为

（1）企图踢、打或用头撞击对方队员以及故意干扰对方队员，如争辩、恐吓、怪叫、跺脚等，首犯时出示黄牌警告。

（2）出现以下行为之一取消比赛资格：① 警告后重犯；② 在场上出现诽谤、侮辱性的言行举止；③ 出现人身侵犯等情况。

（3）被取消比赛资格者，应立即进行替换，并离开比赛场地和运动员队席，不得参加该场比赛。

（4）任何不良行为，不论是发生在局前还是局间，都应判罚。

附录二
花毽竞赛规则

第一章　总　则

第一条　宗旨

为了推动我国花毽运动的规范化发展，使其更好地为全民健身事业和构建社会主义和谐社会服务，特制定本规则。

第二章　裁判人员组成

第二条　仲裁委员会

仲裁委员会由主任、副主任和委员若干组成。负责受理运动队的申诉，并及时做出裁决。

第三条　裁判人员

一、比赛设总裁判长1人，副总裁判长1~3人。

二、比赛设执行裁判组、编排记录组和检录组。

三、执行裁判组分为计数赛裁判组、花样赛裁判组和创意赛裁判组。

（一）计数赛每块场地设4名裁判员，其中1名兼任裁判长。

（二）花样赛规定套路比赛每块场地设裁判长1人，综合评分裁判员5人；自选套路比赛每块场地设裁判长1人，综合评分裁判员5人，难度评分裁判员3人。

（三）创意赛每场比赛设裁判长1人，评分裁判员5人。

四、编排记录组设编排记录长1人，编排记录员3~4人，计分员2人，计时员1人，宣告员1~2人。

五、检录组设检录长1人，检录员3人。

第三章　参赛人员的规定

第四条　参赛人员

一、运动员必须遵守大会相关规则，公平竞争，尊重和服从裁判。在场上不准有吵闹、漫骂等任何表示不满的行为。

二、参赛运动员必须办理人身保险证明，并出示自报到之日起 20 天以内县级以上医院出具的体格检查证明。

三、同一运动员不能跨队进行比赛。

四、任何参赛人员不得在比赛期间对裁判人员施加干扰。

五、场外本队人员不得以任何方式对场上运动员进行提示、指导。

六、参赛人员严禁使用兴奋剂。

第四章　场地、器材、服装

第五条　比赛场地

一、比赛场地。

（一）计数赛比赛场地为 3 米×3 米平面场地。

（二）花样赛及创意赛比赛场地为 6 米×6 米平面场地。

（三）所有比赛场地的边界线宽为 5 厘米，线宽不包括在场地内，颜色应与场地有明显区别。

二、场地要求。地面整洁、四周无障碍区至少 2 米；场地上方空间不低于 6 米。

三、裁判席设在裁判区内，离观众席至少 2 米。

四、在运动员比赛的同时，教练员及其他人员应在指定区域。

第六条　比赛器材

毽子由禽类羽毛和毽垫组成。毽毛高和羽展宽 10 厘米以上，毽垫直径 2 厘米以上，重 8 克以上。

第七条　比赛服装

一、运动员需穿软底运动鞋参赛，比赛服装以突出花毽项目特色为宜，大方得体。"集体项目"参赛的同队运动员，应统一着装参赛。

二、比赛服装（袖子和领子除外）的主要颜色应与比赛毽子有明显不同。不得佩戴妨碍比赛安全的任何饰物、挂件。

三、比赛服上衣佩戴组委会指定的运动员参赛号码布，号码布规格为不大于 24（长）厘米×20（宽）厘米。比赛服上可标有队名、赞助商标志，标志最大面积为 30 平方厘米。

四、服装上不得带有不文雅及与本项运动不符的设计或字样。

第五章 竞赛通则

竞赛分组

一、按性别分组：男子组、女子组、男女混合组。

二、按年龄分组：儿童组、少年组、成人组、老年组。

竞赛项目

一、计数赛。

（一）个人计数赛（1分钟）。

（二）团体接力计数赛（4×30秒）。

二、花样赛。

（一）规定套路。

1. 个人规定套路赛。

2. 集体规定套路赛。

（二）自选套路。

1. 个人自选套路赛。

2. 双人自选套路赛。

三、创意赛。

（一）个人创意赛。

（二）双人创意赛。

（三）集体创意赛。

检　录

运动员须在赛前30分钟到达指定地点报到，参加第一次检录，并检查服装和比赛用毽。赛前15分钟进行第二次检录，赛前5分钟进行第三次检录。

礼　仪

一、运动员持毽在指定地点候场。

二、比赛开始前和比赛结束后，运动员右手持毽向观众和裁判员鞠躬行礼。持毽礼的做法：右手掌心向上，屈臂体侧托举毽子，与肩同高。

弃　权

一、赛前三次检录未到；或检录后擅自离开，不能按时上场比赛者，按弃权处理。

二、比赛期间运动员因受伤不能参加比赛，则按弃权处理。

三、比赛期间运动员无故弃权，则取消该运动员全部比赛成绩。

申　诉

运动员对裁判员裁决有争议时，由领队或教练员在比赛结束后 30 分钟内以书面形式向仲裁委员会提出申诉，同时交纳申诉费 1 000 元。

兴奋剂检测

运动员应遵守《反兴奋剂国际公约》和《世界反兴奋剂条例》。根据《奥林匹克宪章》的规定和国际奥委会的相关要求，实施兴奋剂检测工作。

第六章　竞 赛 办 法

计数赛竞赛办法

计数赛包括个人计数赛和团体接力计数赛。

一、个人计数赛。

个人计数赛是指运动员在 1 分钟的时间内，使用大会指定的基本技术完成尽可能多的踢毽次数的竞赛项目。基本技术主要包括脚内侧踢毽、膝上触踢毽、脚外侧踢毽、脚背踢毽、脚内侧接停毽、脚背接停毽、跳踢毽等。

二、团体接力计数赛。

团体接力计数赛是指 4 名运动员排成纵队场外候场，第一名运动员进场在规定的 30 秒内踢完一种技术，在转换口令发出后，将毽子传给第二名运动员，第二名运动员进场完成第二种技术，以此类推，依次完成 4 种基本技术，累计 4 名运动员踢毽总数的竞赛项目。

三、计数赛基本技术要求。

（一）脚内侧踢毽（盘踢）。以双脚内侧交替踢毽计为一次。

要求：分别用两足内侧互换踢毽为一次，髋关节外展外旋，膝关节屈，髋关节、膝关节放松，踝关节发力带动小腿向上摆动，用足内侧将毽子踢起。

（二）膝上触踢毽（磕踢）。以双膝上部交替触踢毽计为一次。

要求：用两腿膝盖互换将毽子磕起（撞起），髋关节放松，膝关节发力，小腿自然放松下垂，大腿不能外张或里扣。

（三）脚外侧踢毽（拐踢）。以双脚外侧交替踢毽计为一次。

要求：用足外侧踢毽，大腿放松，小腿向体后侧上方摆动，勾脚尖，踝关节发力将毽子踢起。踢毽时大腿不要摆到体前，小腿向体后侧上方摆动不要过高。

（四）脚背踢毽（绷踢）。以脚背交替踢毽计为一次。

要求：用足尖的外三趾部分踢毽，大腿稍抬，小腿向正上方摆动，髋关节、膝关节放松，踝关节发力，踢毽的一刹那，足尖背外三趾向上勾起。

（五）脚内侧接停毽（里接）。以脚内侧接停毽，双脚交替进行。

要求：将毽子踢起至齐髋高度，足内侧去上迎下降的毽子，用缓冲力将毽子接停在足内侧，稍停后随即用踝关节发力将毽子抛起至齐髋高度，用另一侧足内侧按同样的方法再将毽子接住，形成两腿互换。两腿互换，每腿两次，共两次。

（六）脚背接停毽（外落）。以脚背接停毽，双脚交替进行。

要求：用各种方法将毽子踢起至齐髋高度，用右足外侧上迎下降的毽子，用缓冲力将毽子停在足外侧，稍停后小腿领先大腿上摆将毽子抛起至齐髋高度，另左腿按右腿的动作用同样的方法将毽子再停在左足外侧，形成两腿互换。两腿互换，每腿两次，共两次。

（七）跳踢。踢毽脚蹬地起跳，在身体侧后，用脚内侧把毽踢起，双脚交替各进行一次计为完成一次。

四、每次的竞赛项目，大会竞赛委员会将在以上7种基本技术中，选择其中1～7种动作进行比赛。具体竞赛项目，将随竞赛规程下发。

五、计数赛计分方法。

（一）所有技术均左右脚交替各踢一次，则为计数一次；连续单脚踢毽或单膝触踢不计次数。

（二）应得数。

每场比赛须由3名裁判员计数，若3名裁判员计数不相同时，应以两个相同的计数次数或两个最接近的计数次数平均值为准（如132、134、137中，取132、134，即132－134－137→（132+134）/2＝133，T＝133）；若3名裁判员计数各不相同且间隔等距，应以两个最高计数次数的平均值为准（如133、135、137中，取135、137，即133－135－137→（135+137）/2＝136，T＝136）。该平均值为运动员该场比赛的计数应得数。

（三）最后有效次数。

计数应得数减去裁判长判罚的犯规应扣次数，为运动员的最后有效次数。最后有效次数应为整数，小数点后应四舍五入。

（四）名次确定。

比赛成绩按最后有效次数确定，次数多者名次列前；如次数相等，失误与犯规少者名次列前；如仍相等，并涉及第一名，则加赛一场确定名次；若再相等，则名次并列。

六、计数赛的犯规及罚则。

（一）抢踢犯规。

1. 抢踢犯规是指在"开始"口令未下达前出现踢毽或抛毽的现象。

2. 比赛中运动员抢踢，由裁判长记该运动员抢踢犯规1次，从总成绩中扣除次数 5 次。

（二）转换犯规。

1. 转换犯规是指在团体接力计数赛中，"转换"口令未下达之前运动员就进场开始转换接毽的现象。

2. 如出现转换犯规，比赛继续，由裁判长记犯规 1 次。

3. 转换犯规 1 次将由裁判长从成绩中扣除次数 5 次。

（三）调整犯规。

1. 调整犯规包括指定动作的调整犯规和非指定动作的调整犯规。指定动作调整犯规是指运动员单脚连续 2 次或 2 次以上踢毽。非指定动作调整犯规是指运动员使用指定动作以外的其他动作踢毽。

2. 在比赛中运动员出现了调整犯规，裁判员对此踢法不予计数，并记该运动员调整犯规 1 次。

（四）出界犯规。

比赛中，如运动员踩线或出界，由裁判长记犯规 1 次，裁判员对场地外的踢毽不予计数。

七、比赛无效罚则。

1. 运动员在比赛中没有按照指定的技术动作进行比赛，或没有按照指定的技术动作进行团体接力转换，由主裁判判罚其比赛无效。

2. 在比赛中，由于运动员自身原因终止比赛，则判该运动员比赛无效。

花样赛竞赛办法

一、花样赛包括规定套路和自选套路两种竞赛项目。

二、规定套路的比赛主要是指运动员个人或集体完成花毽规定套路的全部动作，全面展示个人或集体踢毽的基本功和基本技术，突出花毽技术规范性的竞赛项目。

三、自选套路的比赛主要是指运动员个人或双人在规定时间内，按照花毽运动的基本规律，任意选择花毽技术动作，合理运用技术变化，配合身体姿势的表演，完成自编的花毽套路，全面展示个人或双人踢毽的高超技巧和配合，突出花毽竞技性和艺术性的竞赛项目。

四、花样赛自选套路竞赛要求。

（一）自选套路的组合编排必须包括跳跃、绕转和接停三类不同的难度动作。

（二）个人或双人赛中，运动员须每人各持一毽，来完成花毽自选套路的比赛。

（三）双人花毽自选套路比赛的两名运动员，必须要完成至少 5 次整齐一致的难度技术动作；至少 3 次的双毽交换和至少 3 次的双人位置交换。

（四）自选套路的比赛根据动作组合的编排选用音乐伴奏。

五、花样赛自选套路竞赛时间。

（一）花样赛自选套路竞赛时间的规定。

1. 个人花样赛自选套路的比赛时间为 50~70 秒。

2. 双人花样赛自选套路的比赛时间为 60~90 秒。

（二）花样赛计时办法。

1. 计时开始。运动员进入比赛场地，造型完毕后，身体任何部位开始演练，即为计时开始。

2. 计时结束。运动员完成套路有明显的结束动作造型；或向裁判长举手示意，即为计时结束。

六、花样赛音乐。

1. 花样赛伴奏音乐的旋律以及节奏的转换等因素要与运动员完成的动作完美结合、相得益彰。

2. 花样赛音乐伴奏采用 CD 盘或磁带，必须将音乐录制在光盘的开头或磁带的 A 面。赛前由大会统一组织试音，并由运动队自行保管。

3. 花样赛运动员（队）上场比赛前，由其所在运动队的领队或教练员将该运动员（队）的伴奏音乐交至大赛广播台，并在音响师的帮助下为该运动员（队）播放音乐。

七、花样赛的评分方法。

（一）花样赛规定套路的评分办法。

1. 花样赛规定套路采用扣分制进行评分，满分为 10 分。裁判员根据运动员临场完成规定套路的质量，对所出现的错误或失误进行扣分（附表1）。

附表 1 花样赛规定套路的评分标准

	规定动作	动作说明及要求	扣分点	扣分标准
	预备姿势		持毽礼	
裁判员扣分	盘踢	用托毽手将毽子在体前抛起	每次盘踢的支撑腿明显弯曲	扣 0.2 分
			漏做某个单项动作中的一部分（次数不够）	扣 0.2 分
	磕踢接转身（磕转身 90°）	运动员完成第 5 次足内侧交替踢后，即用左膝盖将毽子踢起，左右互换，	每次磕踢的支撑腿明显弯曲	扣 0.2 分

续表

	规定动作	动作说明及要求	扣分点	扣分标准
	预备姿势		持毽礼	
裁判员扣分	磕踢接转身（磕转身90°）	连踢4次，向左转体90°（转体时应一次转过，不应边踢边转），继续连踢4次，再向左转体90°。第4次转体后，运动员回到原来位置，共磕踢16次。	向左（右）转体90°不到位	扣0.2分
			漏做某个单项动作中的一部分（次数不够）	扣0.2分
	脚外侧接停（外落）	完成最后一次磕踢后将毽子落在右脚面上，然后将毽子抛起落在左脚面上，共两次（左右脚交替踢计一次）。	完成落的动作时支撑腿弯曲缓冲	扣0.2分
			抛起毽子的高度低于腰部或高于胸部	扣0.2分
			接毽脚接毽时触地	扣0.2分
			漏做某个单项动作中的一部分（次数不够）	扣0.2分
	上前额	完成最后一次落后，运动员用足尖将毽子踢起，使毽子落在前额上稍停留，完成一次。	前额接毽子时腿部明显弯曲缓冲	扣0.2分
			脚部移动明显	扣0.2分
			身体前后左右摆动明显	扣0.2分
			漏做某个单项动作中的一部分（次数不够）	扣0.2分
	左右交替跳踢	完成上前额后，可用平踢过渡一次，然后完成跳踢三次，（左右脚交替踢计一次，每次踢起的毽子应过头），完成后运动员用手将毽子接住，还原成预备姿势。	踢起毽子的高度未超过头部	扣0.2分
			毽子从体侧踢起上升高度明显不一致	扣0.2分
			三次跳踢方向明显不一致	扣0.2分
			漏做某个单项动作中的一部分（次数不够）	扣0.2分

续表

	规定动作	动作说明及要求	扣分点	扣分标准
	预备姿势		持毽礼	
裁判员扣分		其他错误扣分	比赛中服饰、鞋掉地	扣0.3分
			比赛中人或毽出界	扣0.3分
			比赛结束后手接毽时,掌心向前或向下抓住毽	扣0.3分
			比赛进行中毽子落地、手接毽子、手击毽子	扣0.3分
			运动员跌倒	扣0.3分
			扣分累计不超过1分	
裁判长扣分	改变规定顺序			扣0.5分
	比赛过程中未按规则要求完成礼仪动作			扣0.5分
	漏做(或多做)某单个动作			扣0.5分
	比赛服装不符合要求			扣0.5分
	比赛中器材损坏,调换后重新上场			扣1分
	比赛中未完成套路、中途退场,不予评判,无成绩			

2. 花样赛规定套路比赛成绩的确定。

(1) 应得分。

每场比赛须由5名裁判员评分,去掉1个最高分和1个最低分,取3个有效分的平均值为应得分。

(2) 最后有效分数。

应得分减去裁判长扣分,为运动员的最后有效分数。

(3) 名次确定。

比赛成绩按最后有效分数确定,分数高者名次列前;如分数相等,以失误与犯规少者名次列前;如仍相等,则名次并列。

(二) 花样赛自选套路的评分办法。

花样赛自选套路的裁判组包括1名裁判长、5名综合评分裁判员和3名难度评分裁判员。综合评分裁判员负责运动员完成质量和总体印象的评判;难度评分裁判员负责运动员临场完成难度动作和创新动作的加分。

1. 自选套路评分标准。满分为10分,其中综合分5分(包括完成质量分

3 分、总体印象分 2 分），难度分 5 分。

(1) 完成质量分（3 分）。

完成质量分是根据运动员的临场表现，从方法和姿态两方面进行综合评判，在好、中、差三个等级的分数区间内给出相应的分数，所给分数小数点后保留两位（附表 2）。

附表 2 完成质量分评分标准

内容	好 (2.6~3.0 分)	中 (2.1~2.5 分)	差 (1.6~2.0 分)
方法	踢法清晰，踢毽高度一致，没有出现失误	踢法不清晰，踢毽高度不一致，出现明显失误	踢法不清晰，踢毽高度明显不一致，出现严重失误
姿态	身体姿态优美，踢毽动作规范	身体姿态较优美，踢毽动作较规范	身体姿态不优美，支撑腿严重弯曲

(2) 总体印象分（2 分）。

总体印象分是根据运动员的临场表现，从艺术表现和编排两方面进行综合评判，在好、中、差三个等级的分数区间内给出相应的分数，所给分数小数点后保留两位（附表 3）。

附表 3 总体印象分评分标准

总体印象		好 (1.6~2.0 分)	中 (1.1~1.5 分)	差 (0.6~1.0 分)
艺术表现 (1 分)	音乐	旋律节奏鲜明，音乐与动作融合一体	旋律节奏较好，音乐与动作协调	旋律节奏不鲜明，音乐与动作不融合
	服装	整齐、亮丽、有特色	整齐	不整齐
	精神风貌	精神饱满，动作传神	精神较饱满、有神	精神不饱满
	感染力	优美舒展、感染力强	舒展大方、有感染力	拘谨不流畅

续表

总体印象		好 （1.6~2.0分）	中 （1.1~1.5分）	差 （0.6~1.0分）
编排 （1分）	内容	内容独特，形式新颖	有新的内容和形式上的新连接	内容一般，表现形式略陈旧
	连接	有较独特或新颖连接	连接合理顺畅	连接性差
	布局	场地运用合理，动作分布均匀、活泼	场地运用较合理，动作分布较均匀	场地运用不合理，动作分布不均匀
	特色	全套编排有特色、创新	全套编排合理	全套编排差

（3）如出现其他错误，由综合评分裁判员扣分，具体扣分标准见（附表4）。

附表4　其他错误扣分

性质	失误内容	失误扣分
其他错误扣分	比赛中服装、鞋掉地 比赛中人或毽出界 比赛结束后手接毽时，抓毽 比赛中跌倒	每出现1次扣0.3分，最多扣1分

以上两部分的评分由综合评分裁判员根据运动员临场完成动作的质量和总体印象进行综合评分，两部分的得分总和减去其他错误扣分即为运动员的综合分。

（4）难度得分（5分）。

难度得分是由难度评分裁判员根据运动员临场完成难度动作的得分和创新难度动作的加分总和确定的，难度动作分值为4.5分；创新难度动作加分0.5分。

① 难度动作是指具备较高身体素质和专项技能才能完成的踢毽技巧动作。

② 难度分为A、B、C、D 4个等级。

③ 难度动作统计方法。对运动员临场完成的不同难度动作的个数进行统计，重复或连续出现的同一难度动作不累积计分；双人自选套路的难度统计，只计算双人同步完成的难度动作，并将确认的难度得分乘以2，即为双人自选

套路赛难度得分。花样赛自选套路的难度动作得分满分为 4.5 分，超过 4.5 分按 4.5 分计算。

④ 运动员须在比赛前将自选套路比赛的难度动作登记表上交裁判组。

⑤ 花毽难度动作等级划分表见附表 5。

附表 5　花毽难度动作等级划分表

难度动作	A (0.1 分)	B (0.2 分)	C (0.3 分)	D (0.4 分)
跳跃动作类	屈腿左右摆动	直腿前平举（大腿与身体呈 90°）	高举腿（直腿、脚高于肩、脚底低于头）	高举腿连续跳踢
		双腿各绕毽一周	脚或腿绕毽两周	双脚或双腿绕毽两周
	屈腿单侧连续跳踢	屈腿左、右腿互换连续跳踢	直腿单侧连续跳踢	直腿左、右腿互换连续跳踢
绕转动作类	1. 单脚内侧完整 360° 2. 摆动腿绕毽一周	1. 单脚外侧完整 360° 2. 双脚内侧交替完整 360° 3. 单脚内侧完整 720° 4. 后方完整 360° 5. 大腿 360° 6. 踝关节 720° 7. 膝关节以下、踝关节以上（跳跃）	1. 单脚外侧完整 720° 2. 双脚内侧交替完整 720° 3. 单脚内侧完整 1 080° 4. 后方完整 720° 5. 大腿 720° 6. 高抬腿绕转（肩部以上）	1. 单脚外侧完整 1 080° 2. 双脚内侧交替完整 1 080°
接停动作类	非朝天蹬动作或转体 90°~120°	朝天蹬	1. 转体 180° 2. 无支撑朝天蹬	无支撑转体 180° 朝天蹬
超难度动作	凡超越三类难度动作任何一类 D 级难度的动作为超难度动作			

超难度动作：分值为 0.5 分，超难度动作累计不超过 1 分。整个难度动作分为 5 分。

裁判长有权否定裁判小组的初评结果，并召开裁判会议，研究决定最后分值。

⑥ 创新难度的确定。赛前运动员应将自选套路创新难度申报表上交大会，经大会竞赛委员会集体审定，并确认难度定级，给予相应的创新加分和难度加分，创新加分不累计计算。

⑦ 花毽创新难度动作审定原则。

A 在以往的比赛中从未出现过的花毽动作。

B 创新动作必须符合花毽自身的运动规律。

⑧ 花毽创新难度审定程序。

A 申报：运动队在规定时间内将创新难度申报表上交大会竞赛委员会。

B 审定：大会竞赛委员会组织专家对申报的创新难度动作进行审定。

C 反馈：审定结果在比赛前反馈给运动队。

D 登记：比赛结束后，对创新难度动作进行登记，并上报中国毽球运动协会备案。

以上部分的评分由难度评分组裁判员根据运动员临场完成难度动作的种类和相应分值的总和确定。

2. 花样赛自选套路比赛成绩的确定。

（1）5 名综合评分裁判员的评分，去掉 1 个最高分和 1 个最低分，取 3 个有效分的平均值作为运动员的综合得分；3 名难度评分裁判员评分的平均值为难度得分。综合得分与难度得分之和称为运动员的应得分。

（2）最后得分。

应得分减去裁判长判罚的犯规应扣分，即为运动员的最后得分。

（3）名次确定。

比赛成绩按运动员的最后得分确定，分数高者名次列前；如分数相等，难度分数高者名次列前；如仍相等，犯规扣分少者名次列前；若再相等，则名次并列。

创意赛竞赛办法

一、创意赛包括个人、双人和集体的套路创意比赛。

二、创意赛是指通过多样的表现形式、丰富的表现内容以及队员之间的技巧配合，全面展示花毽运动的多样性、观赏性和创新性的比赛项目。

三、创意赛竞赛时间规定，每个项目表演时间不得超过 3 分钟。

四、创意赛的评分方法。

（一）创意赛的裁判组由5名评分裁判员组成。评分裁判员根据运动员临场完成创意赛套路的情况进行综合评分。

（二）创意赛评分标准。满分为10分，包括表演内容3分、表演形式2分、完成质量3分和艺术表现2分。

1. 表演内容（3分）。

表演内容是根据运动员的临场表现，从动作选择和器材运用两方面进行评判，在好、中、差三个等级的分数区间内给出相应的分数，所给分数小数点后保留一位，评分标准见附表6：

附表6　表演内容评分标准

内容	等级		
	好 (2.6~3.0分)	中 (2.1~2.5分)	差 (1.5~2.0分)
动作选择	素材丰富，方法灵活	素材较丰富，方法较灵活	素材不丰富，方法不灵活
器材运用	运用全面，种类丰富	运用较全面，种类较丰富	运用不全面，种类不丰富

2. 表演形式（2分）。

表演形式分是根据运动员的临场表现，从创意、编排和布局三方面进行评判，在好、中、差三个等级的分数区间内给出相应的分数，所给分数小数点后保留一位，评分标准见附表7：

附表7　表演形式评分标准

内容	等级		
	好 (1.6~2.0分)	中 (0.9~1.5分)	差 (0.5~0.8分)
创意	内容新颖，形式独特	内容较新颖，形式较独特	内容不新颖，形式不独特
编排	动作组合多样，组图变化生动	动作组合较多样，组图变化较生动	动作组合呆板，组图变化不生动
布局	场地运用全面，路线清晰	场地运用较全面，路线较清晰	场地运用不全面，路线不清晰

3. 完成质量（3分）。

完成质量分是根据运动员的临场表现，从演练和配合两方面进行评判，在好、中、差三个等级的分数区间内给出相应的分数，所给分数小数点后保留一位，评分标准见附表8：

附表8　完成质量评分标准

内容	等级		
	好（2.0~3.0分）	中（1.1~2.0分）	差（0.5~1.0分）
演练	动作连贯无失误，套路完整流畅	动作较连贯，较少轻微失误，套路较完整流畅	动作不连贯，较多明显失误，套路不完整流畅
配合	队员配合熟练，转换默契	队员配合较熟练，转换较默契	队员配合不熟练，转换不默契

4. 艺术表现（2分）。

艺术表现分是根据运动员临场的表现力、印象以及音乐运用等三方面的表现进行评判，在好、中、差三个等级的分数区间内给出相应的分数，所给分数小数点后保留一位，评分标准见附表9：

附表9　艺术表现评分标准

内容	等级		
	好（1.6~2.0分）	中（1.1~1.5分）	差（0.6~1.0分）
表现力	精神饱满，表情传神，感染力强	精神较饱满，表情较传神，感染力较强	精神不饱满，表情不传神，感染力不强
印象	礼仪举止得体，服装服饰统一、特色鲜明	礼仪举止较得体，服装服饰较统一、特色较鲜明	礼仪举止不得体，服装服饰不统一、特色不鲜明
音乐运用	音乐节奏鲜明，旋律与动作融合	音乐节奏较鲜明，旋律与动作较融合	音乐节奏不鲜明，旋律与动作不融合

以上部分的评分是由评分裁判员根据运动员临场表现确定的运动员的应得分。

5. 裁判长的扣分。

花毽创意赛裁判长的扣分标准见附表10。

附表10 花毽创意赛裁判长的扣分标准

裁判长扣分	• 完成套路的时间超出	每5秒扣0.2分，最多扣1分
	• 出现违背花毽运动规律的动作 • 出现追求低级趣味的表演效果的动作设计	扣0.3分

（三）创意赛比赛成绩的确定。

1. 5名综合评分裁判员的评分，去掉1个最高分和1个最低分，取3个有效分的平均值为运动员的应得分。

2. 最后得分。

应得分减去裁判长的扣分，即为运动员的最后得分。

3. 名次确定。

比赛成绩按运动员的最后得分确定，分数高者名次列前；如分数相等，评分裁判员有效分数高者名次列前；如仍相等，评分裁判员无效分的平均值接近有效分的平均值者名次列前；若再相等，则名次并列。

第七章 其 他

解释权

（一）本规则解释权属中国毽球协会。

（二）本规则自颁布之日起试行。

附录三
毽球竞赛规则术语释义

1. 比赛控制区域：指围绕比赛场区和无障碍区的走廊，包含广告牌或挡板以外的空间。

2. 区：指比赛场地中（比赛场区和无障碍区）的不同部分，在规则中赋予特殊定义（或特殊限制）。区包括前场区、发球区、换人区、无障碍区、后场区。

3. 区域：指无障碍区以外的地域，规则中赋予特殊功能。区域包括比赛控制区域、准备活动区域。

4. 网下空间：指球网以下、地面以上、两根球柱之间的空间。

5. 过网区：球必须经过网区进入对方场区。过网区的界限是球网的上沿、两根标志杆及其延长线、天花板。

6. 延长空间：除过网区和网下空间之外的球网垂直空间。

7. 换人区：进行换人的无障碍区。

8. 犯规：① 违反规则的比赛行为；② 违反规则的非比赛行为。

9. 摆弄球：球在手中或两手之间被倒动、旋转等（目的在于准备抛球或发球）。

10. 每球得分制：是每胜一球都得分的计分体系。

11. 局间：两局之间的时间，第三局（决胜局）交换场区的时间不能算作局间。

12. 场外物体：比赛场地之外或接近无障碍空间，会对球的飞行造成障碍的物体或人，如顶灯、裁判椅、电视设备、记分台、网柱等。场外物体不包括标志杆，标志杆是球网的一部分。

13. 球的统一性：在一次比赛中所用的球，其特性包括重量、高度、牌号、颜色等，都必须是统一的。

14. 进入比赛：经正裁判员允许，发球队员击球为进入比赛。

15. 比赛的中止：裁判员鸣哨即为比赛的中止。

16. 击球：比赛中队员与球的任何触及都视为击球。

17. 发球：后排 1 号位队员在发球区内将球击出而进入比赛的行动是发球。

18. 进攻性击球：除发球和拦网外，所有直接向对方的击球都是进攻性击球。

19. 完成进攻性击球：球的整体通过球网垂直平面或触及对方队员，则认为完成进攻性击球。

20. 拦网：队员靠近球网在高于球网处阻挡对方来球的行动为拦网。

21. 拦网试图：没有触及球的拦网行动为拦网试图。

22. 完成拦网：触及球的拦网行动为完成拦网。

23. 集体拦网：两名队员彼此靠近进行拦网为集体拦网，其中 1 人触球则为完成拦网。

24. 拦发球：接发球方在限制区内阻挡对方高于球网上沿的发球为拦发球。

25. 正常的比赛间断：暂停和换人都属于正常的比赛间断。

26. 暂停：在裁判员的允许下，教练员请求或教练员缺席时场上队长请求的正常比赛间断。

27. 换人：在裁判员的允许下，一名队员离开比赛场地，而由另一名队员经记录员登记后占据其位置的行为称换人。

28. 延误比赛：一个队或一名队员拖延比赛继续进行的不当行为为延误比赛。

29. 受伤：指比赛中出现严重伤害事故。

30. 外因造成的比赛中断：指比赛中出现的任何外界干扰。

31. 非技术性犯规：指球队成员对裁判员、其他工作人员、对方队员、本方队员以及观众造成不良影响的行为。

32. 判罚牌：根据不良行为的判罚等级的亮牌，有红牌、黄牌。

33. 消极比赛：指比赛双方搞交易、打假球、预谋比赛胜负、有意串通改变比赛名次的行为。

主要参考文献

[1] 郑超,张林泉,高章宁. 怎样踢好毽球[M]. 武汉:中国地质大学出版社,1999.

[2] 风笑天. 社会学研究方法[M]. 3版. 北京:中国人民大学出版社,2009.

[3] 龙明,冯云辉. 毽球裁判工作指南[M]. 北京:高等教育出版社,2018.

郑重声明

高等教育出版社依法对本书享有专有出版权。任何未经许可的复制、销售行为均违反《中华人民共和国著作权法》,其行为人将承担相应的民事责任和行政责任;构成犯罪的,将被依法追究刑事责任。为了维护市场秩序,保护读者的合法权益,避免读者误用盗版书造成不良后果,我社将配合行政执法部门和司法机关对违法犯罪的单位和个人进行严厉打击。社会各界人士如发现上述侵权行为,希望及时举报,本社将奖励举报有功人员。

反盗版举报电话　　（010）58581999　58582371　58582488
反盗版举报传真　　（010）82086060
反盗版举报邮箱　　dd@hep.com.cn
通信地址　　北京市西城区德外大街4号
　　　　　　高等教育出版社法律事务与版权管理部
邮政编码　　100120

防伪查询说明

用户购书后刮开封底防伪涂层,利用手机微信等软件扫描二维码,会跳转至防伪查询网页,获得所购图书详细信息。用户也可将防伪二维码下的20位密码按从左到右、从上到下的顺序发送短信至106695881280,免费查询所购图书真伪。

反盗版短信举报

编辑短信"JB,图书名称,出版社,购买地点"发送至10669588128
防伪客服电话
（010）58582300